罗丹：天才之手

RODIN
LES MAINS DU GÉNIE

[法] 海伦·皮内 著

高捷 译

SPM
南方传媒 | 花城出版社

中国·广州

图书在版编目（CIP）数据

罗丹：天才之手 / （法）海伦·皮内著；高捷译.
广州：花城出版社，2025.4. -- （纸上博物馆）.
ISBN 978-7-5749-0448-4

Ⅰ. K835.655.72

中国国家版本馆CIP数据核字第2025F68K49号

著作权合同登记号 图字：19-2024-320 号

For Rodin. Les mains du génie :

First published by Editions Gallimard, Paris

© Editions Gallimard, collection Découvertes 1988

本书中文简体版专有版权由中华版权服务有限公司授权给北京创美时代国际文化
传播有限公司。

出 版 人：张　懿
项目统筹：刘玮婷　林园林
责任编辑：曹玛丽
特邀编辑：吴福顺　陈珮菱
责任校对：张　旬
技术编辑：凌春梅　张　新
封面设计：刘晓昕
版式设计：万　雪

书　　　名	罗丹：天才之手	
	LUODAN: TIANCAI ZHI SHOU	
出版发行	花城出版社	
	（广州市环市东路水荫路11号）	
经　　销	全国新华书店	
印　　刷	天津睿和印艺科技有限公司	
	（天津市武清区大碱厂镇国泰道8号）	
开　　本	710毫米×1000毫米　16开	
印　　张	11.5　　1插页	
字　　数	172,000 字	
版　　次	2025 年 4 月第 1 版　2025 年 4 月第 1 次印刷	
定　　价	78.00 元	

如发现印装质量问题，请直接与印刷厂联系调换。

购书热线：020-37604658　37602954

花城出版社网站：http://www.fcph.com.cn

《加莱义民》："纵然孤零零地矗立在一个绿荫蔽日的老花园中，这座雕像却是对所有英年早逝之人最好的缅怀。"

——赖内·马利亚·里尔克

赖内·马利亚·里尔克 | Rainer Maria Rilke

　　"罗丹将目光锁定在临行那一刻。他看见六位义民上路的情景，每个人的反应都是其生平经历的凝缩。他们各有各的过去，此时却都站了出来，准备与加莱城诀别，连同前尘往事一并带走。罗丹注视着眼前的六人，除却一对兄弟有些许相似外，其余容貌各异，然而都去意已决，或平心静气，或强忍肉体对生的留恋，无不在用自己的方式迎接生命最后的时光……在罗丹的演绎下，义民们衣不蔽体，互相独立，颤抖的身躯栩栩如生。而六人高大的身姿，一如他们所展现出的意志那般高贵。"

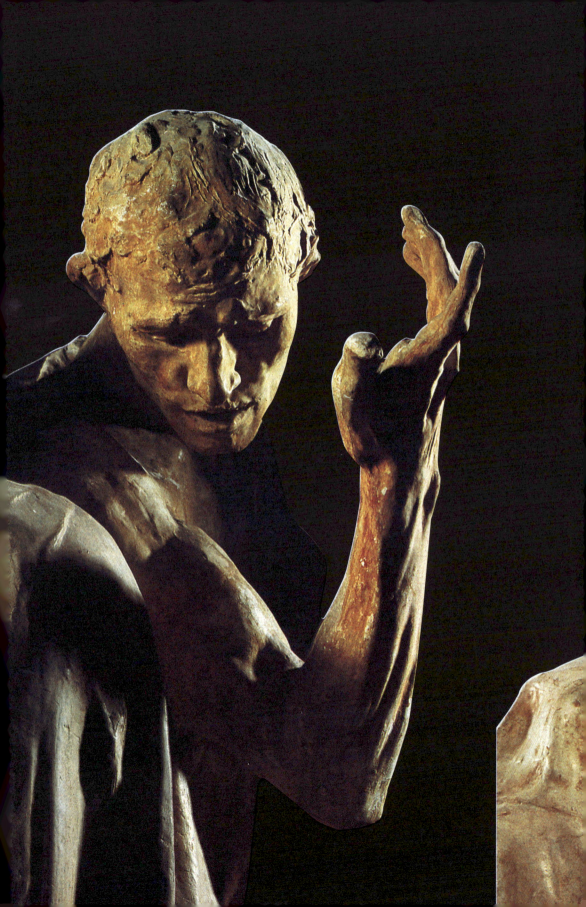

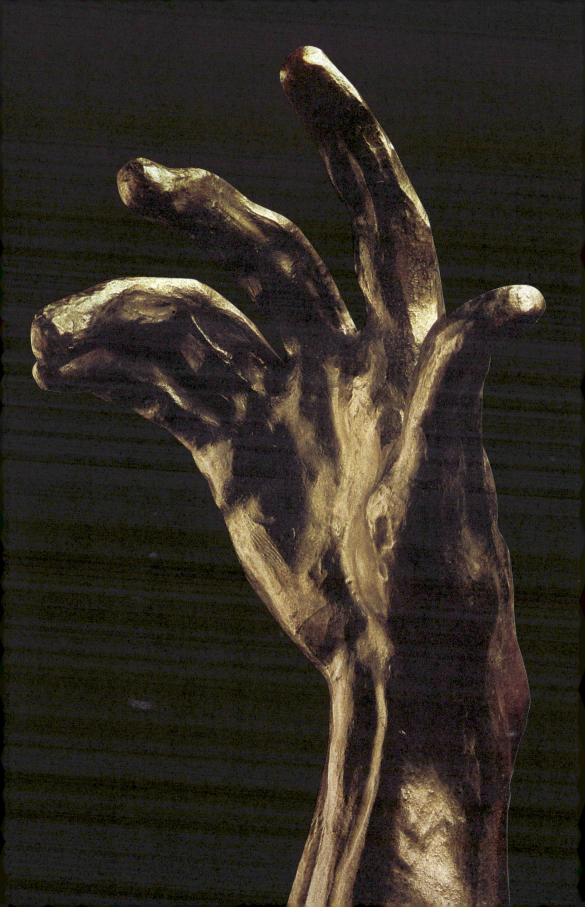

目 录
C o n t e n t s

第一章
"你为艺术而生"

"诚然，米开朗琪罗与拉斐尔是艺术大家，却也未到你我触不可及
的程度……你如此说道。那一刻，我们恍若看到了异界幻象，只见
九霄云层破开裂口，从中有王冠掉落凡尘。接着，你不再说话，像
是要洞穿幽冥，一窥自己20岁时的命运。"

——莱昂·富尔凯

罗丹好友兼雕塑家莱昂·富尔凯饱含深情地回忆起两人的青葱岁月，彼时16岁的他
们对生活充满希望，贫穷也好，挫折也罢，仿佛没有什么可以阻挡他们。上页图为
22岁的罗丹；上图为皇家绘画学院的大门，位于巴黎医学院街。

让 - 巴蒂斯特·罗丹曾在某个教会团体中当过几个月的杂
务修士，之后便加入巴黎警察局，并于 1861 年以警务督查
的身份退休（左上图是 1827 年巴黎警察局录用让 - 巴蒂斯
特·罗丹为办公室勤杂员的任命状）。从波旁王朝复辟到拿
破仑第二帝国，无论政权如何更迭，警察机关的重要性贯彻
始终。凭借 1800 法郎的月薪，让 - 巴蒂斯特一家生活得十
分惬意。儿子奥古斯特出生那年，他 37 岁，妻子 42 岁。

弗朗索瓦 - 奥古斯特 - 勒内·罗丹，1840 年 11 月 14 日出生于巴
黎弩街，是罗丹家的第二个孩子。其父让 - 巴蒂斯特与第二任妻子玛
丽·谢费两年前便有一女，名为玛丽亚。

让 - 巴蒂斯特·罗丹，伊夫托地区人，生于一个车夫之家。同其他
受工业革命感召背井离乡的外省人一样，让 - 巴蒂斯特于 1820 年离开诺
曼底，前往巴黎谋生，并最终进入市警察局成为一名办公室勤杂员。奥
古斯特·罗丹对他父亲的职业总是缄口不提。

玛丽·谢费生于摩泽尔省的戈尔泽镇。她是五姊妹中的长女，为谋求生计，与两个妹妹一齐迁居到了巴黎。1836 年，彼时 37 岁的她嫁给了让-巴蒂斯特·罗丹。婚后，罗丹一家四口都非常虔诚，在家教方面，一双儿女身上既能看到人民大众的刚健笃实，又有着 18 世纪绅士淑女的遗训余风。纵观母亲一脉，对手工艺的喜好似乎是家族共性：玛丽·谢费的三个外甥分别成了雕刻师、绘图师和印刷工。其中，亨利开了一家小型印刷厂，罗丹的名片都是交由他雕版和印刷。罗丹一家经常搬家，但都离圣马塞尔和圣雅克不远。由于地处巴黎市郊，这两个片区仍有许多地方亟待美化：弩街、勃艮第街、圣雅克壕街、伊苏瓦尔墓街。罗丹童年时代的巴黎，记忆中那些迷宫般的小巷，自 1789 年（大革命）后，样子几乎没怎么变。

平凡无奇的家庭生活
黯淡迷惘的童年时代

　　每周日，罗丹一家都会前往圣梅达尔教堂做弥撒。仪式结束后，或是参观巴黎植物园，或是去克拉马尔附近的乡间逛逛。有时，罗丹的姨妈泰蕾兹·谢费也会带着三个儿子加入，由于两家人经常碰面，罗丹与表兄弟们的关系格外亲密，三个表亲分别叫奥古斯特、埃米尔和亨利。

　　罗丹与其他同龄男孩别无二致，只是性格比较内向，喜欢沉浸在幻想的世界里，将任何够得着的东西变成他的玩具。

　　"从我记事起，我就喜欢画画。母亲经常从一位杂货店老板那里买东西，老板打包李子干所用的纸袋，都是由图书书页乃至版画做成。我就临摹这些画，它们是我最早的模特儿。"这番话究竟是雕塑家本人的真实回忆，还是为迎合传记作家群体而编造的逸闻，满足他们对天赋早慧的猎奇心理？答案不得而知。

　　年幼的罗丹不仅腼腆，还患有严重近视，就读小学期间可谓一无所获。学校位于圣恩谷街，由基督学校兄弟会负责教学，绝大部分巴黎孩童都是在那儿念的书。用罗丹后来的话说，在校那些年他什么也没学到。眼见学无所得，让－巴蒂斯特把小罗丹送去博韦市的一所寄宿制学校，经营人是他的叔叔伊波利特。然而再次劳而无功，当后者决定把小罗丹送回巴黎时，他非但读写有困难，更是连数数都不会。他当时已经14岁，到了应该学习一门手艺的年纪。

左图：奥拉斯·勒考克·德·布瓦博德朗培养了整整一代画家和雕塑家。他曾说："真正的老师，永远不会授意学生拿他当榜样，因为他知晓只有淡化自己的存在，才能让学生们的个性得到发扬。"让-巴蒂斯特·卡尔波也时常指点罗丹的习作，后者始终记得同学们那种发自内心的钦慕。透过让-巴蒂斯特·卡尔波这位年轻助手的评语，可以预感到又有一位大师行将出世。

强求父亲同意其从艺
入学巴黎皇家绘画学院

奥古斯特对未来还没有明确的规划，于是将大把时间消磨在了圣日内维耶图书馆，后者落成也才四年。在信手翻阅米开朗琪罗编绘的版画书籍时，罗丹灵光乍现，决定要从事绘画相关的工作。但事与愿违，在让-巴蒂斯特·罗丹眼里，艺术家不是什么正经职业，他为儿子规划了一些更加符合其社会地位的志向。奥古斯特也很执拗，就是不愿松口，最终在母亲和女儿的调停下，父亲放软了身段：奥古斯特以14岁的年纪进入位于医学院街的皇家绘画学院，也就是常说的"小学院"，用以和"大学院""高级学院"做区分，后者即巴黎国立高等美术学院。

皇家绘画学院是一所免费学校，创办于1766年路易十五统治时期，1877年改名"国立高等装饰艺术学院"。尽管建校初衷是绘画教学，培养出的却多是细木工、錾刻工、灰泥工、铸造工之类的手艺匠人。多亏时任校长让-伊莱尔·贝洛克领导有方，再加上奥拉斯·勒考克·德·布

罗丹临摹古画，在博物馆中写生，练习人体（左上图），并听从安托万－路易·巴里的指点，于1864年在法国国家自然历史博物馆进修了动物解剖学课程（左下图）。

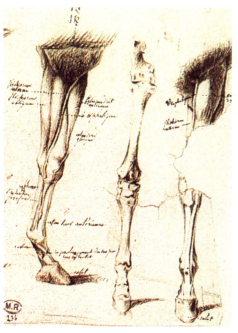

瓦博德朗授课有术，皇家绘画学院重新在圈内站稳了脚跟。其教学理念以记忆为抓手，着重训练学生的观察能力、概括思维，以及捕捉目标特征的意识。勒考克·德·布瓦博德朗还鼓励学生在大自然中进行创作，这个观念直到很久之后才传入巴黎国立高等美术学院。罗丹始终铭记自然光线最利于烘托形状，甚至提出"雕塑艺术即露天的艺术"这样的论断。亦是在这一时期，他会前往圣马塞尔的马市写生马匹。

　　罗丹正式告别了童年。他遇到一群与自己岁数相仿，又志趣相投的年轻人，他们中的一些人留名后世，比如当时刚被巴黎国立高等美术学院录取的方丹－拉图尔，以及因高超模仿能力而深受同学欢迎的阿方斯·勒格罗。早两年入学的儒勒·达卢，则跟莱昂·富尔凯一起，成为罗丹最要好的同学。

在这个求知若渴的年轻人眼里 巴黎俨然是一座巨大的学习室

　　在与同学接触的过程中，罗丹很快认识到自身在专业方面的短板。为了弥补这些不足，他游走在首都各处——绘画公开课、博物馆、图书馆，无一落下。

　　每天的日程排得都很满：去学校之前，先到画家皮埃尔·劳塞家里涂上两笔，后者是罗丹

隶属法兰西学会的巴黎国立高等美术学院敌视一切新兴流派。要想入学就得过重重关卡。首要的便是"排位赛",每半年举行一次,不光决定录取与否,还明确每个人在课堂上的座位。假设某个学生排名不佳,那他便会被安排在模特身后,整个学期都只能画模特的背面。学生每学期都要参加"排位赛",根据届时的表现重新择优录取。只有在绘画大赛中摘得奖牌才能够拥有固定的座位。上图为《法国艺术家沙龙评委海选》。

一家的好友。8 点到 12 点,在皇家绘画学院一楼的圆形教室里上课。由于不像巴黎国立高等美术学院有真人模特,学生靠临摹前辈大师的杰作来训练基本功。老师不坐班,但会在固定的日子到校指导作品。

下午到卢浮宫临摹古画,或者去皇家图书馆查阅资料。

接着横渡塞纳河,参加伊波利特·卢卡在哥白林染织厂组织的绘画课,真人模特与石膏像轮换。晚上则把白天所见都画下来。

尽管在专业技术和手法上有所长进，但罗丹本人磕磕绊绊的教育经历，导致其在文化知识与文学素养方面格外欠缺。受到同侪的鼓舞，他开始看书——维克多·雨果自不用说，此外还阅读维吉尔、缪塞、拉马丁、米什莱、埃德加·基内等人的作品。

"那是我第一次接触黏土，开心得仿佛置身天堂"

第一个学年全都扑在了绘画上，彼时的罗丹对雕塑还一无所知。他是偶然间了解到这门艺术的存在：某天，当他推开泥塑教室的大门，恍然明白自己真正的使命是什么。与19世纪许多雕塑家一样，在罗丹的认知里，"雕塑"和"泥塑"是同义词。

灵活的指法，揉捏黏土时迅捷的手速，总之，初次尝试便上道的成就感以及沁人心脾的快乐，都让罗丹确信他找到了属于自己的那条路："我先是做了些分件，胳膊、脑袋、脚之类，然后试着做完整的人像。我一下子就掌握了原理，做的时候和现在一样轻松，整个人兴奋无比。"

1857年，罗丹收获两次仿古画一等奖。17岁时，志向明确又身负老师厚望的他，自然而然地想到报考巴黎国立高等美术学院。他的父亲不知道该鼓励还是泼冷水，咨询了雕塑家伊

上图是1859年左右的罗丹，那年他撞破了一块玻璃，留下一道大疤，从此只能靠胡子遮掩。关于这幅自画像，作家莱昂·克拉岱尔的女儿兼《罗丹笔记》作者朱迪特·克拉岱尔这样评价："脑腼中透着下意识的自信！光洁的面庞，稚气未脱的额头，笔挺的鼻梁，严守秘密般牢牢紧闭的双唇，特别是那对蜷拢的眉弓，如此坚毅，仿佛没有什么能让它们松开。"这份英气同样出现在罗丹父亲的半身铜像上（下页图），眉宇间散发着古罗马立法官般的威严。

波利特·曼德隆——一位无可争议的大师，多次在沙龙美展上斩获殊荣。后者仔细察看了罗丹的画作与石膏像——其中就包括被认为是罗丹第一件雕塑作品的《让－巴蒂斯特·罗丹半身像》——都是罗丹用板车拉过去的，当即对其才华予以了肯定。这番评价让罗丹备受鼓舞，信心满满地参加了巴黎国立高等美术学院的入学考试。

折戟巴黎国立高等美术学院

三次参加"排位赛"三次落选，而这只是一连串挫折的开始。

罗丹的朋友们不明白，一个拥有如此神奇双手的人怎么会屡次被拒。彼时，皇家绘画学院奉行 18 世纪以花哨为美的艺术理念，罗丹受其影响太深，与巴黎国立高等美术学院推崇的大卫式古典审美完全相悖。

时值巴黎城改计划进行得如火如荼，对雕塑的狂热呈春风野火之势。左图为开凿中的雷恩街。

不守规矩意味着没有订单，要知道对一个雕塑家而言，没有订单的日子，每一秒都是煎熬：永远都嫌不够大的工作室；购买黏土、石膏、大理石等雕塑材料；委托第三方铸铜、做旧；雇佣模特；找人合作……所有这些都需要真金白银。

放弃学业委身当石工

1861 年，让 – 巴蒂斯特拿着缩了水的养老金悻悻退休，罗丹不得不工作以贴补家用。姐姐玛丽亚已经在叔叔让·科尔塔手下帮工多年，后者开了一家宗教用品店。

以 1853 年为节点，在拿破仑三世与奥斯曼男爵的推动下，巴黎市迎来翻天覆地的变化。城改计划一直持续到 1870 年，所涉及的翻新美化项目名目繁多，其中就包括安设雕塑，从而催生出一批装饰工作室。雕塑就此与大型建筑项目绑定，随着城市的快速扩张，如雨后春笋般出现在新规建的公园、广场和十字路口，点缀在大部分修葺一新的公共建筑上，街头巷尾都能见到伟人的英姿。

亦是从那时起，罗丹开始辗转于各个工作室之间，比埃兹、布兰雪、克吕谢、范尼耶尔，这种颠沛流离的日子一过就是数年。校友们的境遇也不怎么样，从事的工作五花八门：阿方斯·勒格罗成了建筑画家；儒勒·达卢在一家标本店做动物模型；莱昂·富尔凯去了马赛，在隆尚宫的工地上削石头。

罗丹过起了双重生活：白天给别人打工，晚上做自己的雕塑，首选创作对象当然是周围人。1861 年征兵期间，罗丹抽到了好号码，有幸躲过为期七年的兵役，这让他的姐姐大舒了一口气。

尽管落选巴黎国立高等美术学院没有让罗丹意志消沉，但他会不时陷入忧郁之中。在一封题为《关于工作》的信中，让-巴蒂斯特·罗丹这样训斥他的儿子："有志者才能事竟成，才可以实现他的目标……在你身上，我只看到一个孬种，你的态度让我觉得，你打算就这么破罐子破摔了。"罗丹的班上好友莱昂·富尔凯（上图为两人于1864年的合影）则温柔地鼓励他振作："你和别人不一样，你缺少的不是才华，而是让才华绽放所需的勇气。"他又预言："你为艺术而生，而我则是为了将你的奇思妙想复刻在大理石上。"罗丹后来承认，不用忍受巴黎国立高等美术学院的压力与约束实际上是一桩幸事。至于莱昂，他顺利通过入学考试，并成为弗朗索瓦·茹弗鲁瓦的弟子，后者被誉为第二帝国最好的雕塑老师。

Mon cher Auguste
au sujet du Travail

Celui qui veut peut, et arrive
à son but. mais il faut
le vouloir sérieusement et par
ce moyen il arrive, par une
volonté de faire c'est-à-dire
une énergie mâle. et non femelle
je crains que chez toi que tu sois
un peu poire molle, car tu te
laisses à ce que je puis croire aller
au découragement ce qui ne faut
pas au contraire il faut être énergique

奥古斯特和玛丽亚这对姐弟（上图，大约拍摄于1859年），彼此间感情笃深。玛丽亚是知己也是朋友，她理解罗丹对艺术的追求，因此会在父母面前维护弟弟。在如何与家人相处以及宗教信仰方面，虔诚的玛丽亚给予罗丹很多建议。

打工日常因一场家庭悲剧而中断

　　1861 年秋天，罗丹的姐姐玛丽亚决定进入圣婴耶稣修道院，成为一名见习修女，之后不幸感染天花，于 1862 年去世，距离她发愿才时隔几周。

　　罗丹因此大受刺激，深陷悲痛无法自拔的他看不到出路，最终做出和玛丽亚一样的抉择。葬礼结束不到三周，他就以奥古斯汀修士的身份加入了至圣之父修道院。以拯救灵魂著称的埃马尔神父很快便察觉出异样，出世入教并非这个年轻人的本心，于是鼓励他继续画画和做雕塑，认为这样能重新点燃罗丹对世俗生活的向往。后者为这位善解人意的上级制作了一尊半身像。埃马尔神父看得没错，罗丹在几个月后便还俗了。离开修道院后，他并未回父母家居住，而是做好彻底独立的打算。

作为至圣之父修道会的创始人，埃马尔神父于 1962 年封圣。他在社区花园里为新来的奥古斯汀修士准备了一间简易房。和其他许多半身像模特一样（跨页图摄于 1863 年，罗丹正在加工《埃马尔神父半身像》），神父并不欣赏罗丹对其面部的刻画，觉得额头上的卷发让人联想到魔鬼的犄角。

第二章
"50 岁之前，我一直面临着贫困带来的各种问题"

"为了糊口，我做过各种雕塑相关的活计。我翻过模、切过大理石、加工过石料、做过装饰品、制作过金银饰。我后悔自己浪费了那么多时间，还不如把分散的精力集中起来，打磨出一件像样的作品。不过，凡事都有两面，这段经历也让我学到了很多东西。"

——奥古斯特·罗丹

"我给很多人打过工。那些和我一样既没国家补助，也没救济金的穷人，只能靠四处打工才能过活。"

——罗丹

上页图为 1864 年的罗丹；上图是名为《泰坦之盏》的瓷釉作品，尽管署名"卡里耶 - 贝勒斯"（Carrier-Belleuse），实际动手的却是罗丹，制作于 1868 — 1870 年间。

1864，变化巨大的一年
第一间工作室成立

"啊！我永远不会忘记第一间工作室，我在那儿度过了一段艰难的时光。

"受限于当时的经济状况，我没有更好的选择，于是以年金 120 法郎在哥白林染织厂附近的勒布伦街上租了间马厩，光线亮堂，地方也大，足够我退开距离比对作品和实物，上述两点是我在选址时首要考虑的因素，也是我一直坚守的原则。

"工作室到处透风，从关不严的窗户和变形的木门漏进来。屋顶的石板或年久失修，或被风刮歪，常年有穿堂风乱窜。屋里本就冷得要命，墙角还挖了口井，水面贴近井口，一年四季都散着潮气。"

邂逅罗丝·伯雷

1864 年，彼时忙于为哥白林大剧院制作女像柱的罗丹，遇到了同样在附近工作的罗丝，年方二十的她是一名裁缝。

"我的模特虽不及城里女人那般优雅，却有着农家女子特有的健朗外表与结实肉体，这种活泼、淳朴、坚毅、阳刚的气质，反而更加衬映出女性身体的美感……除了上文描述的那些特质，她还随时准备献身于我，并且一做就是一辈子。"对于他的伴侣兼模特，罗丹这样评价。下页图是以罗丝·伯雷为参照的《迷娘》。谈及第一次见面，罗丹如此回忆道："她像洪水猛兽般迷上了我。"左图中《戴花帽的年轻女人》，其原型一度被误会是罗丝。

1866 年 1 月 18 日，两人的儿子出生。或许是因为羞怯，罗丹直到那时才带女友见了家人。孩子和罗丹同名，也叫奥古斯特，但罗丹不认这个儿子，并且他从未想过要正式娶罗丝为妻。反观罗丝，53 年如一日地陪伴在罗丹左右，忠贞不渝。

小家庭的日子过得十分辛苦。罗丝在料理家务之余还要为罗丹担任模特，《阿尔萨斯女人》严肃硬朗的面相正是来自她。罗丝还是《酒神女祭司》的原型，后者为罗丹创作的第一件大型人像，却在搬迁工作室的途中不幸损毁，令罗丹一生都耿耿于怀。

跟着卡里耶 – 贝勒斯干

1864—1887 年间 [1]，罗丹为阿尔贝 – 欧内斯特·卡里耶 – 贝勒斯效力，后者是第二帝国最当红、最活跃的雕塑家之一。罗丹有了稳定的收入来源，可同时，他也发现这样一批人：为了迎合大众口味，哪怕折辱雕塑艺术他们也在所不惜。卡里耶 – 贝勒斯涉猎范围极广，从建筑装饰到玩物摆件，再到半身像，他都能批量制作，灵感来自其熟知的 18 世纪

---

[1] 原书时间有误，罗丹为卡里耶 – 贝勒斯效力为 1864—1870 年间。——译者注

罗丹首次参加沙龙展（全称"绘画与雕塑沙龙"）时，在简介中特别强调自己是安托万 - 路易·巴里和卡里耶 - 贝勒斯的学生。左下图为奥诺雷·杜米埃笔下的卡里耶 - 贝勒斯。尽管被贬称"19 世纪的艺术贩子"，卡里耶 - 贝勒斯其实是一位才华横溢的造型师与绘图师，擅长利用新兴技术批量生产各种东西，从廉价锌制微缩模型到奢侈品应有尽有。动物雕塑家安托万 - 路易·巴里（1795—1875，右图）曾任教于法国国家自然历史博物馆。每逢去巴黎植物园地下室研究动物，罗丹都不忘带上儿子。

肖像画，因为他也毕业于皇家绘画学院。花神馆、卢浮宫大画廊、巴黎歌剧院……大项目一个接着一个，罗丹起初参与其中，但很快就被派去做署名"卡里耶 - 贝勒斯"的商业半身像。用他后来的话说："做那些东西一点意思都没有。"然而，通过跟这位商人雕塑家打交道，罗丹学到两项受益终身的技能：如何打理一间人员众多的工作室，以及如何从一件作品衍生出各种版本。一件雕像，不管是裸体还是身着服饰，捧的是花还是水果，披头散发还是戴着帽子，只要能用泥捏出来，那就也能用石膏、青铜、大理石做出来。

据雕塑家儒勒·德布瓦回忆，年轻时，他曾有幸参观过罗丹的工作室，其间看到《塌鼻男人》（右图石膏像，创作于1864年）躺在角落里，由于觉得这件作品很有意思，便询问罗丹可否借他几天。"拿去吧"，他非常大方地对我说。多么平易近人啊！才华出众却待人谦逊，甚至谦逊到有点可怕……他真是了不起！第二天，我把面具带到巴黎国立高等美术学院，对同学们说："看我发现了什么！瞧瞧这个绝世古董，我在一家旧货店淘到的。"他们一个个都赞不绝口，消息很快传遍学院，引得大家争相来看。我告诉他们："这个面具的作者，实际上是一个叫罗丹的人；他三次参加入学考试三次落榜；这件你们以为是古董的作品曾被沙龙展拒之门外。"下页图的《塌鼻男人》是莱昂·富尔凯于1874年用大理石雕刻的复制品。

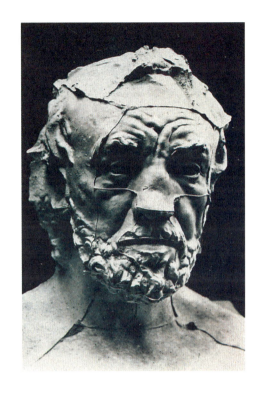

《塌鼻男人》遭沙龙拒绝

以某位名叫"比比"（Bibi）的模特为原型，罗丹将所有希望都寄托在这尊半身像上。这是他第一次递交作品，折戟巴黎国立高等美术学院后，沙龙展给了他拨乱反正、摆脱石工身份的机会。第二帝国艺术家之间的大混战吸引看客无数，买手也混迹其中——有市府人员、有个人买家、有国家代表，但无一不受官方意见的左右。这里还是评论家这股新兴势力生杀予夺的地方，他们的好恶决定了口碑的高下。一般来说，艺术家呈报给沙龙的作品，即耗时几个月做出的原模，绝大部分都是石膏像，被买下后才会翻制成正式材料，或青铜，或大理石。由于《塌鼻男人》太像真人倒

模，罗丹出现在 59 位被拒绝的申请人当中，而这等同于宣判他得再干几年小工。相比落选巴黎国立高等美术学院，此次失利对他的打击更大。

一系列变故促使
罗丹前往比利时

1870 年普法战争爆发，彼时 30 岁的罗丹应征入伍，成为国民警卫队的一名下士，并在巴黎护城战中度过了短暂的军旅生涯。其间他只有一个念头，那就是活下去。

1 月 28 日巴黎投降，罗丹又一次失业。

1870 年秋，彼时带着家人及部分巴黎团队（以乔瑟夫·范·拉斯博格为核心）侨居布鲁塞尔的卡里耶–贝勒斯接到委托：装饰新建成的布鲁塞尔证券交易所。或许是收到他的邀请，罗丹只身前往比利时。他走得很决绝，留下罗丝、儿子、父母于危难的境地：整个巴黎都在挨饿，房租也攀至天价。罗丹母亲过世后，姨妈泰蕾兹·谢费收留了他的父亲，那时的让–巴蒂斯特已经有些神志不清。1871 年底，罗丝去比利时寻"夫"，泰蕾兹又被迫扛起照顾小奥古斯特的重担。

19 世纪 70 年代，布鲁塞尔也经历了一场声势浩大的城市美化运动，规模堪比第二帝国时期的巴黎大改造。跟乔瑟夫·范·拉斯博格组队期间，罗丹参与了布鲁塞尔证券交易所的内部装潢及外立面装饰（下图为布鲁塞尔证券交易所，约建于 1872—1873 年）。除开这种有名头的大项目，罗丹也以个人身份承接私活，比如为安斯帕克大道上的公寓住宅创作女像柱。

罗丹走了，工作室里做到一半的黏土雕塑该怎么办？他交代给罗丝一个细致活，定期给雕塑保湿，以防后者因干燥崩裂。自那之后，每次出远门，他都会在信末例行公事般叮嘱罗丝"照顾好我的雕塑，但也别太湿，我还是希望它们结实点"，又或者"妥善保存烧制后破损的陶塑和我绘制的草图"，以及"记得每天检查雕塑"。

卡里耶 – 贝勒斯解雇罗丹

罗丹越来越讨厌打工人身份带给他的约束，与卡里耶的关系也随之恶化。为了攒小金库，晚上他偷偷捏女性半身像然后拿出去卖，署名"奥古斯特·罗丹"，而非"卡里耶 – 贝勒斯"。卡里耶知道后勃然大怒，当即让他卷铺盖走人。就这样，罗丹过了好几个月清苦日子，不多久又逢巴黎公社起义，无力给家里寄钱的他，只能眼睁睁看着亲人忍受第二次围城之苦。

但天无绝人之路，卡里耶 – 贝勒斯回法国发展，临走前把布鲁塞尔证券交易所的工程出让给了范·拉斯博格。后者向罗丹抛出橄榄枝，提议由他负责比利时片区的项目，法国那边的项目归罗丹管理并记在他的名下。罗丹接受了提议的同时，却继续接私活，向布鲁塞尔青铜公司出售作品，例如《苏松》和《多西娅》。罗丹与范·拉斯博格的合作很快出了毛病，两人于1875年分道扬镳。

在布鲁塞尔荣升雕塑家

六年的异乡生活让罗丹意识到不该把目光局限在巴黎艺术圈。他放下了执念，开始尽情探索巴黎以外的创作天地，找回了在小学院就读时的求知欲与好奇心。每逢周日，这个一周中唯一可以喘口气的日子，他会和罗丝游览教堂，并且越参观越觉得有劲。在博物馆里，他驻足欣赏

有时候，罗丹会将古代画、中世纪画，甚至米开朗琪罗的画，像大杂烩般堆在同一张纸上。上图习作或绘制于 1875 年罗丹首次造访意大利期间。那是一趟圆梦之旅，他游历了都灵、热那亚、比萨、威尼斯、佛罗伦萨、罗马、那不勒斯，探索了沿途的艺术宝藏，包括多纳太罗以及米开朗琪罗的秘密。这幅原稿清楚展示了罗丹以拼贴画为蓝本的创作手法，即重构他见过和研究过的东西，将相似或对立的元素组合在一起。罗丹曾这样写道："我漫步在古代的最深处，尝试让过去与现在产生联系；我欲将失落的记忆捞起，抽丝剥茧并予以补正。"

鲁本斯的画作，晚上到家再默写下来。在比利时生活期间，罗丝与罗丹养成了散步的习惯，最常去的地方是苏瓦涅森林和坎布尔森林。布鲁塞尔让罗丹的才智开花结果，也为他的天赋提供了用武之地。根据里尔克的说法："他走到哪儿，画架就带到哪儿，随时随地准备画画。"衣服口袋里永远塞着书，鼓鼓囊囊；睡前读物是但丁的《神曲·地狱篇》。

亦是在布鲁塞尔，罗丹第一次展出了作品。1871 年，罗丹正式以雕塑家身份出道。1871 至 1876 年间，在至少 15 场展览中，他呈现了约 30 件作品。

意大利与米开朗琪罗的召唤

和同时代其他艺术家一样，罗丹视罗马为梦想之地。1875 年底他终于成行，但是把首站定在了兰斯，只为一睹兰斯大教堂的芳容。

在写给罗丝的一封信中，罗丹饶有兴味地介绍了沿途细节，以及这趟朝圣之旅的初衷："你应该不会感到意外，我到佛罗伦萨的第一件事，就是临摹了一幅米开朗琪罗的习作，这位大神兴许会透露些秘诀给我。"之后又补充道："因为看惯了卢浮宫里的古希腊雕像，在面对米开朗琪罗的作品时，我感到无所适从，跟我长久以来奉若真理的条条框框完全对不上。"米开朗琪罗喜好表现激烈扭动的肢体，与古代雕像典

"在米开朗琪罗手下，创造力化作生气勃勃的肉体，澎湃咆哮……在卢卡·德拉·罗比亚手下，则嬗变成一抹圣洁的微笑。可以说，每位雕塑家都是按自己的脾性赋予手下人物以灵魂，或狂放，或恬静。"
——奥古斯特·罗丹

雅端庄的风格截然相异。罗丹一路上都在画草图和记笔记。

《青铜时代》风波

一回到布鲁塞尔，罗丹便满腔热情地投入工作，完成一件从 1875 年夏天就开始做的大尺寸雕像，打算靠它申报沙龙。罗丹为此专门找了模特，叫奥古斯特·内特，是名军人。据奥古斯特·内

左图为奥古斯特·内特为摄影师高登齐奥·马尔科尼重现《青铜时代》的姿势；中图为在布鲁塞尔与巴黎展出的石膏像；右图青铜像后来被法国政府买下。

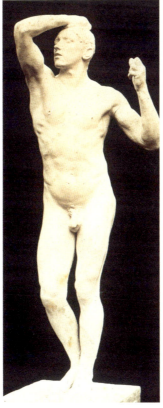

特本人回忆，要摆出正确的动作很难，因为罗丹非常挑剔，他讨厌学院派的姿势，也不想见到隆起的肌肉。

《青铜时代》于 1877 年 1 月亮相布鲁塞尔艺术俱乐部。面对如此完美的作品，一篇匿名文章在称赞之余，却影射其采用了非正常手段——真人倒模。

几个月后，罗丹将石膏像呈报给沙龙评委会。但比利时方面的流言已经传到巴黎。罗丹必须自证清白。"要摆脱眼前的困境，除非换一个更加聪明的脑子"，他自嘲道。罗丹准备了一大堆材料，不仅有比利时同僚的证词、模特与雕像的照片，更有模特本人的倒模，供评委会拿去跟雕像做比对。所有努力都是徒劳：评委会连材料袋都没打开，更别提罗丹花大价钱弄的装倒模的箱子了。

这是罗丹第一次见识舆论的力量。记者的围追堵截让罗丹心有余悸，也让他从此有了提防。

重返巴黎：前途暗淡
举目皆是荆棘

眼看事情越描越黑，罗丹决定回巴黎发展。那时的他早已没了人脉，只得由富尔凯出面与卡里耶 - 贝勒斯商量，能否第三次将他收入门下。这一趟，与其说是回乡之路，倒不如说是

《塌鼻男人》揭示了罗丹在面部刻画上的独特造诣；《青铜时代》则彰显了他对身体造型的卓越把控。"
——里尔克

教堂巡礼之旅，罗丹途经亚眠、诺永、索松和兰斯，最终于年底和罗丝、儿子、父亲搬入圣雅克街。

彼时，卡里耶-贝勒斯在塞弗勒国家瓷器厂担任艺术品总监，并建立了雕塑部门，于是罗丹作为编外人员入职。但这份工作待遇微薄，罗丹必须抓紧一切机会赚钱。

1878年巴黎迎来世博会，匠人们全都大赚了一票，罗丹也不例外。他加入了欧仁·勒格兰的团队，负责特罗卡德罗喷泉的装饰工作。正是这一时期，罗丹创作出其最具震撼力的雕像之一——《传道的圣让-巴蒂斯特》，与《青铜时代》双双亮相于1880年首届法国艺术家沙龙（前身为"绘画与雕塑沙龙"）。从这件作品的草样又诞生出另一件旷世杰作，《大型男体》，也就是耳熟能详的《行走的人》，后面这个名字是1907年作品面世后评论界自发给起的。

1870年巴黎护城战、第三共和国诞生献礼、拉扎尔·卡诺、让-雅克·卢梭、玛格丽特将军……罗丹参与了一系列由国家及市政府发起的公共雕塑征集大赛，几乎全都铩羽而归，唯有他为达朗贝尔创作的雕像被选中，用于装点市政厅新修的外立面，老外墙在巴黎公社起义中被毁。罗丹的手艺日益得到认可，名号也在工作室间传开了。按罗丹的说法，他只用几个小时就可以做出一尊人像。《青铜时代》风波

"某天早上，有人敲工作室的门，是一位来自意大利阿布鲁兹大区的农民，他要应征模特。那一刻，我仿佛看到圣让-巴蒂斯特本尊，一位山野之人、开悟之人、信仰之人……他脱去衣服，站上转台，看得出没有当模特的经验。他挺着胸，微微抬头，上身笔直，双腿打开站立，活像一把圆规。他的动作如此标准、如此典型、如此真实，我暗自心想：这不是行走中的人嘛！当即决定把眼前所见做下来。"

——罗丹

下图为《传道的圣让－巴蒂斯特》以及模特皮尼亚泰利。

期间，罗丹结识了几位替他打抱不平的同僚，在他们的牵线搭桥下，罗丹如愿融入巴黎艺术家的圈子。

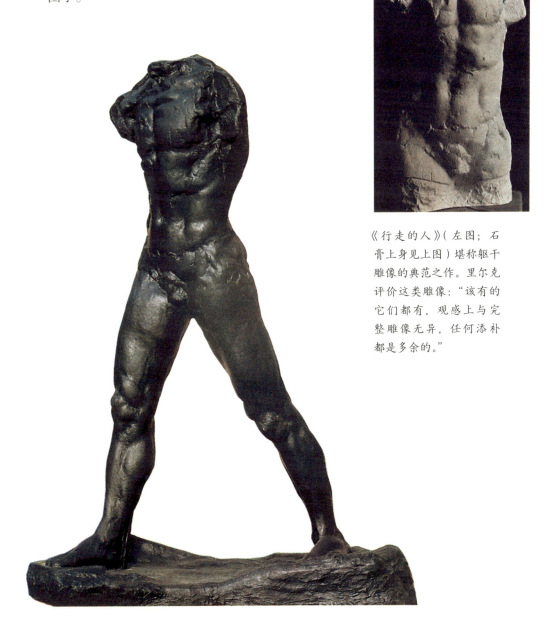

《行走的人》（左图；石膏上身见上图）堪称躯干雕像的典范之作。里尔克评价这类雕像："该有的它们都有，观感上与完整雕像无异，任何添补都是多余的。"

第三章
"他就是一切，望不到尽头"

"他，集万千变化于一身，或是《地狱之门》前欲念的折磨、情爱的升华、生存的煎熬、死亡的恐怖；或是《加莱义民》诞生后历史的回响；或是《维克多·雨果》笔下的风云激荡；或是《巴尔扎克》眼里的百态人间。"19世纪80年代的罗丹全面开花。他的创造力，他对工作的热情，无穷无尽，这才有了作家奥克塔夫·米尔博激情列数的那些杰作。

————

"徜徉在眼花缭乱的作品间……一个不经意的转身，那双缔造出森罗万象的妙手跃然入目。"

——里尔克

上页图为1888年倚在《吻》上的罗丹，背景是工作室；上图为默东工作室里的石膏像。

彼时主管艺术的副国务秘书埃德蒙·蒂尔凯，在看到法尔吉埃、卡里耶 – 贝勒斯、沙普兰、德拉普朗什、杜布瓦等知名雕塑家对罗丹才华的一致肯定后，决定以卢森堡博物馆的名义，买下《青铜时代》和《传道的圣让 – 巴蒂斯特》这两件争议作品。殊不知，埃德蒙还下了更大的赌注。为打破法兰西学会只手遮天的局面，他又交给人未红却是非多的罗丹一个大型公共项目，给拟建中的巴黎装饰艺术博物馆设计大门，必须摄人心魄，还要点缀上以但丁《神曲》为主题的浮雕。

是谁定的主题？简直太合罗丹心意了！他一直想做《神曲》相关的作品，只是没合适的机会。罗丹对这个项目寄予厚望。他预言，一旦见识到最终成品上密密麻麻的人物小像，那些诋毁他倒模的谣言将不攻自破。

引用《神曲》在当时十分常见：德拉克罗瓦画过《地狱里的但丁与维吉尔》；巴尔扎克在给《人间喜剧》取名时借鉴了《神曲》；卡尔波雕刻的《乌戈林》连罗丹都为之注目。但这次情况比较特殊，要用一件雕塑作品展现《神曲》全书，涉及的人物和情节多如牛毛。

大项目要配大工作室：至少得有六米高

大理石库房位于大学街 182 号，用来存放雕塑家做订单需要的大理石块，此外还有政府特批给他们的工作室。1880 年，罗丹与乔瑟夫·奥斯巴克成为"室友"，而后获批两间毗连的工作室。每逢周六，雕塑爱好者纷至沓来，当看到桌子、架子、地上摆满各式各样的手和腿时，他们心中有一个共同的疑问：《地狱之门》上的人物如此之多，罗丹是如何知道它们属于谁的？

罗丹后来又有其他工作室，地方更大，但直到去世，他都保留着位于大学街的这一间，并始终将其作为通信地址。

《地狱之门》的初稿（右图）将门扉分割成八块，参考了佛罗伦萨圣乔瓦尼洗礼堂的《天堂之门》——由吉贝尔蒂设计，以及威尼斯圣马可大教堂的圣器室大门——由桑索维诺操刀。之后便是依照建筑思维对装饰元素进行排列组合。

"但丁不仅是先知和作家，他还是一位雕塑家"

"……我和但丁共同生活了一年，其间只与他为伴，描绘他的八重地狱。直到年底，我惊觉自己的画脱离了现实，只得全部返工，重新对着

上图为《下蹲的女人》陶土模；左图为《地狱之门》第三版黏土小样。

"其中一项委托是设计大门，要求震古烁今，雕塑家罗丹接下了单子，目前正在制作小样……那些有幸造访他工作室的人，在目睹已经做完的小样和做到一半的小样后，一致赞叹这扇门将是本世纪最伟大的作品……奥古斯特·罗丹没几个人知道，名气远比不上亨利·夏普。原因有几个：罗丹是一位真正的艺术家，他不爱拉帮结派，活得与世无争……看到作品被朋友们喜欢他就满足了。但时间会证明一切，罗丹的那些杰作绝对会名垂青史。"

——米尔博

真人模特写生。"罗丹洋洋洒洒地画了好几百张，阴影部分用棕色墨水润饰，以预判雕成实物后的效果。这些水墨速写，与其说是《神曲》的插图，不如说更像它的书评。

于是乎，《地狱之门》的格局打开了：除却部分角色沿用原作设定——《保罗与弗兰切斯卡》《乌戈林》《罪人》，以及象征但丁本人的《思想者》——罗丹还从偶像米开朗琪罗与夏尔·波德莱尔身上汲取灵感，突破性地引入了一些新形象。然而，罗丹的野心远不止于此：他要创造世界，绘就一幅人类七情六欲的大写意。

《地狱之门》的尺寸确定后，罗丹用木料搭建出一个大框架，依次覆盖上黏土和石膏，而后用各种高浮雕、浅浮雕、圆雕、群雕、独立人物进行点缀。

上图为费尔南·帕耶于 1884 年创作的讽刺漫画：罗丹被《地狱之门》压折了腰。

未竟之作

按捺不住的创作激情，时刻考验着罗丹的决断力：没有一处不是改了又改。每分每秒都有新的想法：这里插入一个小像，还是说加到那里，索性打碎算了，残片留给其他项目用。

《地狱之门》容不下罗丹为其设计的所有人物，数量实在太多，这些画稿反映了罗丹灵感的

演变，也像日志般记录了其创作背后的心路历程。227 个大小不一的人物，以不对称的方式布满门扉，他们相依相偎，彼此纠缠，交织成一个紧密的整体。做上头的罗丹陷入自我纠结，往后 20 年间他都将和这扇门过不去，临了也没能竣工。

随后，罗丹删除了许多人物，1900 年展出的石膏原模上几乎没有圆雕形象。罗丹去世后，在罗丹博物馆首任馆长莱昂斯·贝内迪特的指挥下，《地狱之门》被完整组装。1925 年，应美国费城罗丹博物馆之请，《地狱之门》第一次被铸成青铜。

两幅水墨画稿，约作于 1880 年，取材自但丁的《神曲·地狱篇》：上图描绘了一对拥吻的情侣，下页下图名为《乌戈林》。

"两具身体接触的地方越多，就越急不可待地迎向对方，好比两种相互亲和的化学物质，所形成的新整体也越紧密、越有机。"

——里尔克

"这个五官端正的男人，有一双清澈的眼睛，眼皮泛着病态的红色，目光却炯炯有神，长长的络腮胡，齐根的短发，圆圆的头颅透出一种温柔而坚定的执拗——这个男人符合我对耶稣门徒的所有想象。"

——龚古尔兄弟，
《龚古尔日记》

"这数以百计的人物，用他们比手掌还小的身躯，承载起生命中所有的激情、阳光下全部的欢愉、尘世间一切的罪孽。他们中的一些彼此交接，扭打成团，好似相互撕咬的野兽，而后像草芥般齐齐跌入深渊；还有些，或低下面庞俯耳倾听，或像行将投掷的手臂蓄势欲冲；另有一些用身躯连成锁链、结成花环、拧成枝条、攒成葡萄，这些沉甸甸的人串，在'痛苦'之根的滋养下，沁满了'罪恶'的甜蜜汁液。"

——里尔克

"浩浩荡荡的人物数量，绝非《地狱之门》的两扇门扉与门框所能尽容。罗丹挑了又挑，删掉了那些过于孤立、与群像基调不合的形象，又剔除了那些于整体和谐可有可无的角色。"

——里尔克

本页图为青铜版《地狱
之门》；下页图为门楣
细节。

《地狱之门》前，在一片静谧与幽闭中，《思想者》默默注视着眼前宏大而可怕的场景：顾名思义，他在思考。他坐在那里，凝神不语，脑中载着无数画面和思绪，将所有力气——行动的力量——都用在思考上。他的身体化作头颅，血管里的血液变成脑浆。他是《地狱之门》的核心，尽管在他之上，门框的位置处，还站着另外三个男人。"

——里尔克

《地狱之门》，一座取之不尽的造型宝库

　　"《地狱之门》上全是杰作"，雕塑家兼罗丹好友埃米尔－安托万·布德尔曾如此感叹。事实上，《地狱之门》名下的雕塑之所以备受赞誉，并非沾了作品本身的光。这些群像与单体像，随便拎出一件都是可以独立存在的精品：《思想者》《三个影子》《痛苦》《下蹲的女人》《美丽的制盔女》《乌戈林》《亚当与夏娃》《美丽的我》《转瞬即逝的爱》《跪着的女牧神》……

　　一些雕塑被用作嫁接素材，通过大胆组合拼缀出新的人物形象，罗丹称这种方法为"压条法"。

为《夏娃》(上图)摆姿势的意大利女子，也许是阿黛尔·阿布鲁泽齐，隐瞒了自己怀孕的事实，导致罗丹不得不反复修改作品；上页下图为《乌戈林吞食他的孩子》；左图中的大型人像《影子》，实际为《亚当》的变体，《地狱之门》顶上的三人组便是《影子》的三个复制品；《美丽的制盔女》(上页上图)与儒勒·德布瓦的《悲惨》，以及卡米耶·克洛岱尔的《克洛托》，有着异曲同工之妙。

　　于是乎，从乌戈林的四个儿子分别衍生出《浪子》《保罗与弗兰切斯卡》《转瞬即逝的爱》《痛苦》。《地狱之门》上的每个雕塑都可以放大或缩小，翻制成各种尺寸的石膏、大理石、青铜版本；这些千态万状的身躯共同构筑起一座造型宝库，给养罗丹直至生命的尾声。

由左至右：安托南·普鲁斯特，（法国首位）艺术部长，后任巴黎装饰艺术中央联盟
学院院长，身为政客的他自始至终支持罗丹；罗杰·马克思，文人兼艺术评论家；画
家让-保罗·洛朗斯；儒勒·达卢，雕塑家兼皇家绘画学院同窗；奥克塔夫·米尔
博，罗丹的狂热粉丝及无条件支持者；卡里耶-贝勒斯；皮维·德·沙瓦纳，画家兼
罗丹挚友；维库尼亚夫人，某位智利外交官的妻子，其半身像在1888年法国艺术家
沙龙上大受欢迎，里尔克曾欣然评价："透出一种别样的生命力，赏心悦目，充满了
女人味……也许是罗丹所有雕像中唯一一件美感并非源其手艺的作品；这尊肖像还
在很大程度上继承了法国传统造型艺术沿袭数世纪的优雅品位。"

19世纪80年代，整个巴黎都在呼唤罗丹

没有社交生活就没有职业发展。尽管腼腆又容易焦虑，罗丹还是硬
着头皮入了局，周旋于各种名流聚会，比如沙尔庞捷夫人的沙龙，同
龚古尔兄弟、都德、于斯曼、左拉寒暄，或者亚当夫人的沙龙——政治
色彩更浓些——跟甘必大、瓦尔德克-卢梭攀谈。彼时的罗丹没什么
钱，搭衣服的领子与袖口都是纸质，他会在上面记下突如其来的点子
以防忘记。

帮罗丹说话的评论家越来越多：埃米尔·贝热拉，声称自己是第一位
采访罗丹的记者；奥克塔夫·米尔博，对罗丹崇拜之至，一度被调侃"如
果罗丹是神明，那米尔博就是他的先知"；古斯塔夫·热弗鲁瓦；《艺术》
画报编辑莱昂·戈谢；《不妥协者》报社记者埃德蒙·巴齐尔；此外还有

很多。同一时期，罗丹经常去英国拜访好友阿方斯·勒格罗，后者带他接触了版画，还成为联结他与英国艺术圈的中间人。

不计其数的肖像

创作《地狱之门》的间隙，罗丹还做了许多"人情"半身像，大部分是送给友人和熟人。实际上，相较于有偿委托，罗丹更愿意给朋友捏像，因为无偿意味着没有约束，自然能够放开手脚、甩开膀子干。对此，里尔克这样描述："在罗丹看来，人的面容好比他参演的一出戏，他置身其中，密切关注眼前发生的一切，不放过任何微小之处……对于看到的东西，他不作深究，重要的是巨细无遗。"莫里斯·阿凯特、阿方斯·勒格罗、卡里耶－贝勒斯、儒勒·达卢、亨利·贝克、H. W. 亨利、安托南·普鲁斯特、奥梅尔·德瓦弗兰、奥克塔夫·米尔博、罗杰·马克思、罗尔夫人……他们都曾收到罗丹制作的半身像。

"一尊好的半身像应该真实反映模特的外在与精神，传递他心底的想法，透视他灵魂的深处，展现他的伟大、暴露他的弱点，剥去他所有的伪装……凭借敏感的心思，艺术家也可以成为揭示者和预言家。"

——罗丹

埃德蒙·巴齐尔向罗丹建议，为了巩固名声，他应该做一尊男性名人的半身像，并提出两个他非常熟悉的名字：维克多·雨果和亨利·罗什福尔。雨果认为"大卫·丹热之后，再无人能够做他的半身像"，于是谢绝担任模特，但允许罗丹去他住的地方取材，前提是遵守他的规矩。罗丹道："我在公寓种满鲜花与绿植的阳台上一待就是好几个钟头。有时看到维克多·雨果穿过客厅，表情冷峻；他也会坐到屋子另一头，全神贯注地想事情……我做雕塑时有个习惯，就是比对作品与实物的各个面。由于无法按常规方法操作，我便待在他的身侧或背后，一边用眼睛追踪，一边速写，在小纸片上画下尽可能多的角度；他甚至都没抬眼瞧我。好在没赶我走，算是对我的仁慈吧。我画了很多张脑袋，各个面都有，用来和半身像做比对；我就这样一点点地打磨，费了老大一番工夫。我想我已经尽力了。"

团队配置：模特、翻模工、粗雕工、精雕工

罗丹工作室的架构就像一家公司，所有人分工明确：翻模工负责

把雕塑家捏好的泥模做成石膏模；粗雕工削切大理石使其初具雏形，并在上面标记基准点，以方便精雕工对照石膏模进行细修；铸造工独立作业，同时服务好几位艺术家；负责为铜雕上锈色的锈染工也

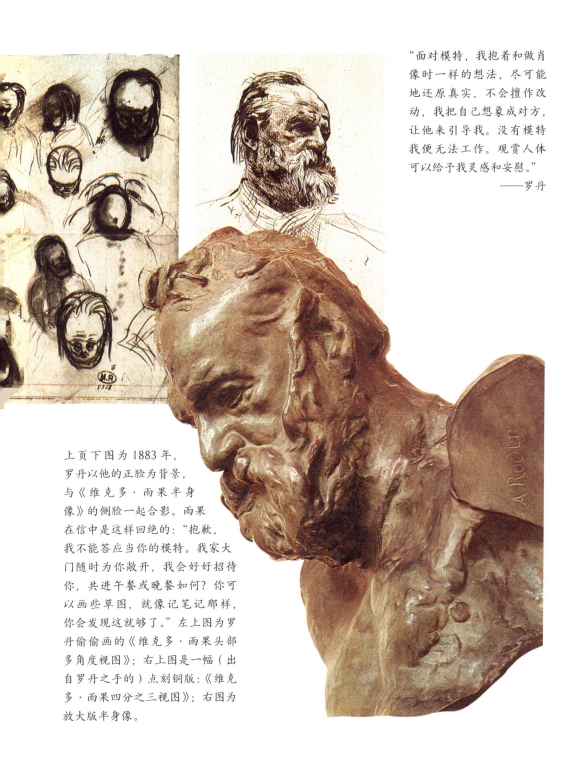

"面对模特，我抱着和做肖像时一样的想法，尽可能地还原真实，不会擅作改动，我把自己想象成对方，让他来引导我。没有模特我便无法工作。观赏人体可以给予我灵感和安慰。"

——罗丹

上页下图为 1883 年，罗丹以他的正脸为背景，与《维克多·雨果半身像》的侧脸一起合影。雨果在信中是这样回绝的："抱歉，我不能答应当你的模特。我家大门随时为你敞开，我会好好招待你，共进午餐或晚餐如何？你可以画些草图，就像记笔记那样，你会发现这就够了。"左上图为罗丹偷偷画的《维克多·雨果头部多角度视图》；右上图是一幅（出自罗丹之手的）点刻铜版：《维克多·雨果四分之三视图》；右图为放大版半身像。

多是自由身，比如自 1900 年起为罗丹效力的让·利梅。对于模特这一灵魂角色，罗丹在挑选时有自己的讲究：他偏爱素人模特，不会摆来摆去都是些约定俗成的动作。

罗丹多线并行，完成委托任务之余，个人创作也没有落下，更是拨冗做了大量半身像。他还制作表单，对常客和散客进行区分；1900 年后的清单只能用"叹为观止"来形容。

与其他雕塑家不同，罗丹手底下并不都是工匠，他会有意招揽一些颇有才华之士，比如儒勒·达卢、弗朗索瓦·蓬蓬、卡米耶·克洛岱尔、让·埃斯库拉、维克多·彼得、埃米尔 – 安托万·布德尔。他的态度很明确："我不收学生，但欢迎你们来当帮手。"

卡米耶·克洛岱尔，年轻的女性雕塑家

1883 年，罗丹受阿尔弗雷德·布歇之托，给一群女学生上课。正是这次代班，让罗丹认识了卡米耶·克洛岱尔。她是保罗·克洛岱尔的姐姐，时年 19 岁。立志成为雕塑家的她与其他几位女性艺术家合用一间工作室。

面对卡米耶清纯的容貌、出众的才华、坚贞的意志，罗丹很快就沦陷了。卡米耶于他不仅是情人，更是理想的工作伙伴，因为两人可以平等地讨论问题。当然了，他对罗丝依然保有温存，只是罗丝无法也无力跟上他不断升迁的社会地位。

从"卡米耶小姐"的角度看——罗丹这样称呼卡米耶，她遇到一个年长自己许多，但是让自己非常崇拜的男人。问题是很难跟罗丹过到一块儿，并且和他绑定的话，开展个人事业就无从谈起了。

1884 年左右，卡米耶加入罗丹工作室。出于信任，罗丹允许她参与创作，会把名下大型作品的手和脚交给她负责。确实，捏黏土对卡米耶来说早已驾轻就熟，而她浪费石膏的程度也是无人能及，削切大理石时

左图为卡米耶·克洛岱尔，约摄于1881年，作者是一位叫塞萨尔的不知名摄影师。

展现出的力度和精度，更是连罗丹本人都难望其项背。她与动物雕塑家弗朗索瓦·蓬蓬搭档干活，后者作为工作室负责人，既见证了卡米耶和罗丹两人琴瑟和鸣的时光，也目睹了他们三天两头的争吵。

"卡米耶小姐"的面庞和身体

1888年之前，卡米耶一直都住在父母家里，后者对女儿的情感生活一无所知。之后，卡米耶搬到意大利大道113号，距离罗丹先一步租下的

"这位光彩夺目的年轻女孩，有着不可方物的美貌和无与伦比的灵气。饱满标致的额头；明亮动人的双眼；小说之外难得一见的深蓝色瞳仁；继承自'美德'的高挺鼻子；倔强尤胜妩媚的大嘴；垂至腰际的栗色粗辫。勇敢、坦率、卓然、开朗的模样叫人一见难忘。"
——保罗·克洛岱尔

福利－帕扬别墅非常近。这是一座宏伟的 18 世纪宅邸，几乎处于半荒废状态，四周花园杂草丛生，正是在这里，两位艺术家开启了工作爱情两不误的野偶生活。

"卡米耶小姐"的面庞和身体时常出现在罗丹的作品中。《沉思》《黎明》《圣乔治》《法兰西》《大病初愈的女子》均以卡米耶为原型，《地狱之门》中女性"罪人们"千姿百态的动作也都归功于她。尽管女性在罗丹作品中占据重要一隅，但直到卡米耶出现，罗丹才改变了对女性的看法。

在这一时期，罗丹热衷于描绘男欢女爱：《永恒的偶像》《吻》《永恒的春天》《保罗与弗兰切斯卡》《支配》《转瞬即逝的爱》……这些创作于 1885 至 1896 年间的雕塑，以身姿各异的情侣为依托，生动展现了热恋的激情、爱情的庄严、情爱的香艳、欢愉的澎湃、痛苦的深沉。

右图为石膏组合《卡米耶·克洛岱尔的面具与皮埃尔·德·维桑的左手》；下页为《沉思》(模特是卡米耶)。

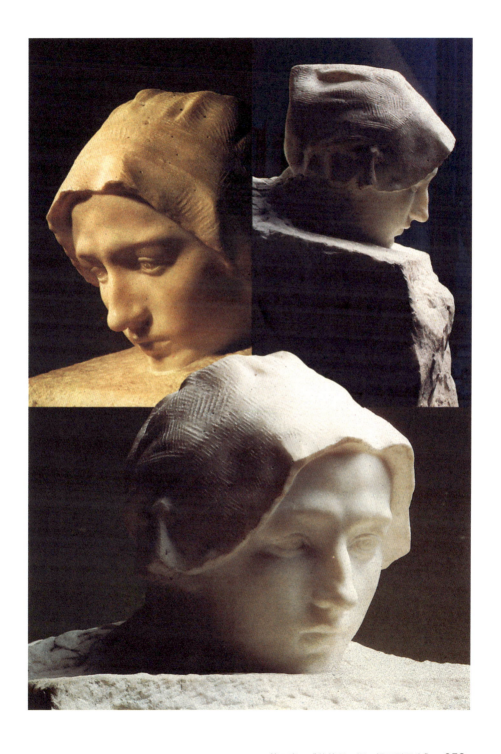

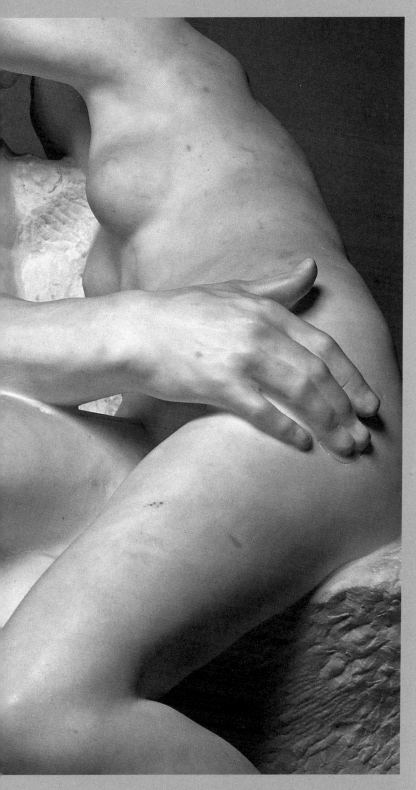

"男人低下头，女人抬起头，两张嘴亲吻在一起，宣告彼此的灵魂于此刻合而为一。在罗丹近乎神技的演绎下，这个半遮半掩的吻了然于目。唇部刻画并非重头戏，两人的吻之所以'直观'，不仅因为他们脸上沉醉的神情，还因为那抖抖瑟瑟的身体，从脖颈到脚跟都在蠢蠢欲动。男人的后背时而凹陷、时而挺直、时而定住，纤维、骨骼、肌肉、神经、皮肤，无一不传递着爱意，他的小腿仿佛在缓缓扭转，似欲摩挲情人的下肢；女人的脚掌则近乎离地，飘飘然的状态飞扬着激情与优雅。"

——古斯塔夫·热弗鲁瓦

《吻》一经问世便大获好评，但罗丹本人并不以为然："我承认这件组雕的拥吻场面非常唯美，可除此之外，我再无所获……这就是一件按常规套路雕刻的大型摆设，将观者的注意力牢牢集中在两个人物身上，不给人留下任何遐想的空间。"

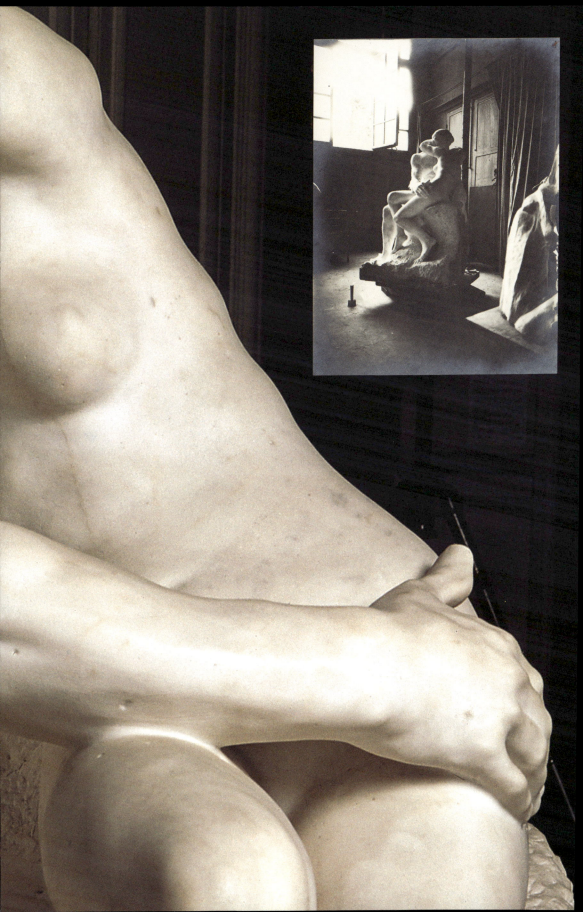

罗丹深知卡米耶·克洛岱尔的才华。他一贯说:"我只是告诉她哪里有金子,能找到金子全靠她自己的本事。"左图为以卡米耶为原型的《黎明》;右图为1887年正在雕刻《沙恭达罗》的卡米耶。

罗丹还做过一些有伤风化的大尺度作品,部分甚至有越界之嫌,例如《下蹲的女人》《支配》《众神的使者伊丽丝》《堕入地狱的女人》。

历史的惊鸿一瞥:《加莱义民》

1884年,加莱市长奥梅尔·德瓦弗兰发起一场全国性的募捐行动,旨在为该市的英雄厄斯塔什·德·圣皮埃尔竖立一座纪念碑。委托就这样找上门来。

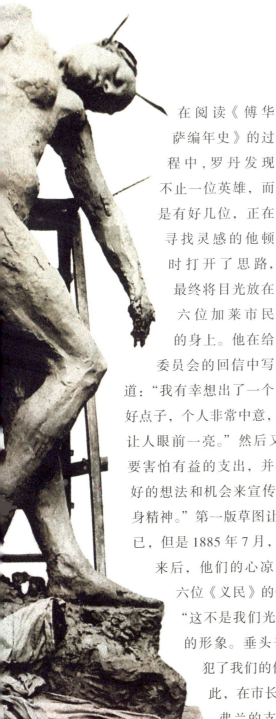

在阅读《傅华萨编年史》的过程中，罗丹发现不止一位英雄，而是有好几位，正在寻找灵感的他顿时打开了思路，最终将目光放在六位加莱市民的身上。他在给委员会的回信中写

道："我有幸想出了一个好点子，个人非常中意，相信落地后会让人眼前一亮。"然后又补充道："不要害怕有益的支出，并不是总有这么好的想法和机会来宣传爱国主义和献身精神。"第一版草图让委员会激动不已，但是1885年7月，第二版小样出来后，他们的心凉了半截，批评六位《义民》的体态太过消沉："这不是我们光荣的同胞该有的形象。垂头丧气的样子冒犯了我们的信仰。"纵然如此，在市长奥梅尔·德瓦弗兰的支持下，罗丹继续按原计划推进。

"女人的头微微前倾，神情中夹杂着宠爱、高傲和耐心，宛若从平静的黑夜之巅俯瞰那个男人，后者正把脸埋入她的怀抱，就像投身进无穷无尽的花海。他也跪着，但姿态更低，卑微地跪在石头上，双手背在身后，仿佛毫无价值的空物……整件作品给人以身在炼狱的印象。天堂近在眼前，但尚未达到；地狱就在脚下，让人心有余悸。"

——里尔克

上图是创作于1885年的《永恒的偶像》，材质为仿铜石膏。

"我习惯先把光屁股的样子做出来"

罗丹逐一捏出六位人物，采用的是学院派方法，即先制作裸体，之后再添加衣饰："接下来，我只需要给他们披上一层罩衣，待到布贴合身体的那一刻，他们将变成血肉之躯，而不再是冰冷的雕像。"

1886年，正当罗丹准备翻铸成品之际，项目因资金问题而中止，委员会也跟着解散，罗丹终于可以抛开一切顾虑，全然按照自己的心意完成作品。雕塑直到1895年才落成，在此之前，罗丹不得不租下圣雅克街的一个马厩，用于安置这六位《义民》。

1880 年代以鲜花和掌声谢幕

罗丹被授予法国荣誉军团骑士勋章，并成为法

根据傅华萨的记述，1347年英国人围攻加莱期间，爱德华三世"同意放过当地居民，条件是他们中身份最显赫的六人要光头赤脚，脖套绳索，手执城门钥匙出去领死"。左下图为罗丹寄给委员会的第一版石膏小样，六人彼此相顾。

每位《加莱义民》自成一体，就连底座也是相互独立，类似可以随意移动的棋子。上页左上图为《皮埃尔·德·维桑裸体像》，左边三幅分别为石膏模、铸造时全身"种满"必需的排气管的画面，以及成品青铜像。《加莱义民》首展于1885年在乔治-珀蒂艺廊举办的莫奈-罗丹联名展。

国国家美术协会的创始成员。政府又向他订制一尊克洛德·洛兰的纪念像，以及一尊维克多·雨果的纪念像，罗丹为后者准备了两套方案。

1889年适逢巴黎第三次举办世博会、埃菲尔铁塔竣工，以及法国大革命100周年。艺术圈里同样有大事发生，那就是莫奈和罗丹在乔治-珀蒂艺廊的联名展览——呈现了莫奈画作70幅、罗丹石膏雕塑32件。

同为各自领域的弄潮儿，两位艺术家后来成为终身挚友。米尔博给展览题词："此二人是本世纪雕塑和绘画这两门艺术最辉煌、最完美的体现。"

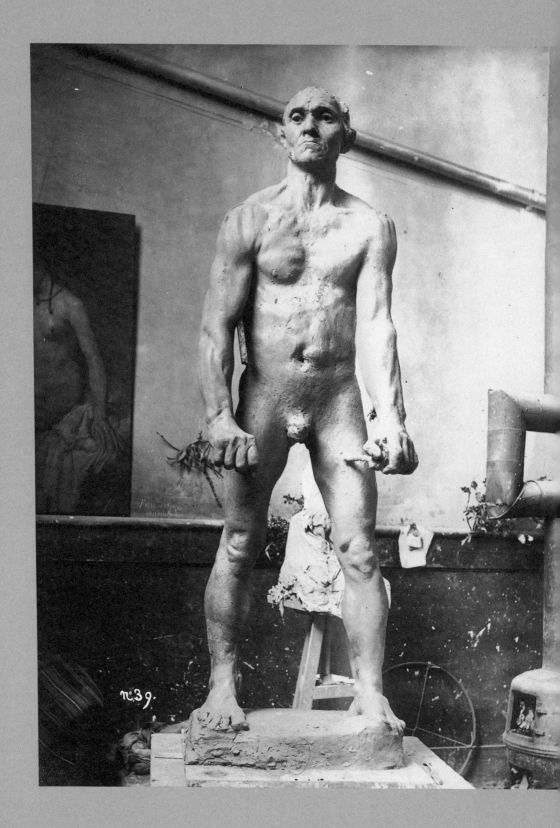

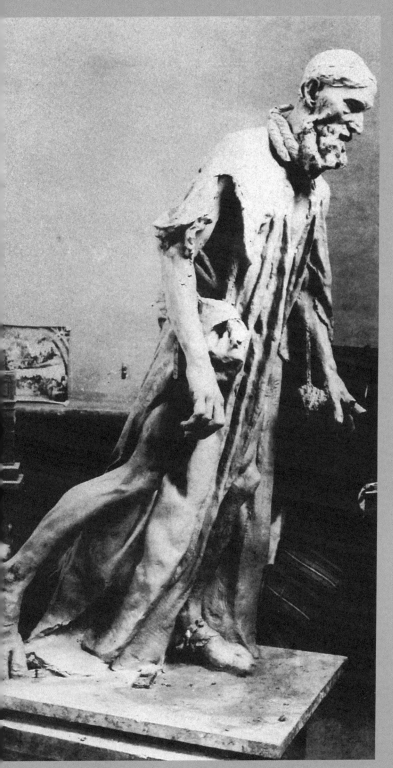

上页图为《让·戴尔裸体像》黏土模正面照；左图为雕塑台上的《厄斯塔什·德·圣皮埃尔穿衣像》；上图为罗丹涂改过的进度照。罗丹与加莱市长奥梅尔·德瓦弗兰通信频繁，随时向后者汇报进展情况："裸体有了，换言之造型底子好了。如您所见，看不见但最重要的部分已经完成。"

第四章
"简洁才是美"

"如果真理注定消亡，我的《巴尔扎克》将被后人碎身粉首；如果真理不可磨灭，我预言这尊雕像会流传百世。这件饱受诟病，叫一些人冷嘲热讽，恨不能将其销毁的作品，是我迄今所有人生的结晶，也是我审美的转折点。从它被创作出来的那天起，我便不再是曾经的我了。"

——奥古斯特·罗丹

————

被法国国家美术协会"请"出沙龙后，《巴尔扎克》一直岿然矗立在默东的花园里（上页图，爱德华·史泰钦摄于 1908 年）。1902 年，在为法尔吉埃的巴尔扎克像揭幕时，法国文人协会主席不禁回忆起"另一件如幽灵般盘踞心头，难以忘怀的作品"。上图为亨利·热尔博绘制的讽刺漫画：巴尔扎克站在法尔吉埃和罗丹为其创作的雕像前。

"年复一年，罗丹完全活在巴尔扎克的影子里。他去了巴尔扎克的故乡，见到了小说家笔下经常出现的图林地区风景，读了巴尔扎克的信札，研究了现存的巴尔扎克肖像，一遍遍地翻阅巴尔扎克的作品……直到两人心意相通的那一刻，罗丹才着手构思他的样子。"

——里尔克

"感谢你们，让我有机会为巴尔扎克塑像"

"……我真是受宠若惊。我会全力以赴，证明你们没找错人。"在一封写于1891年7月9日的信中，罗丹这样感谢左拉。彼时，法国文人协会希望向创始人奥诺雷·德·巴尔扎克致敬，在时任主席左拉的举荐下，罗丹以8比4的票数获选，受邀制作一尊3米高的纪念像，计划放置在巴黎皇宫广场，交付时间为1893年5月。

无论是字面意义还是象征意义，要表现巴尔扎克那样"高大"的形象，难度系数着实不小。罗丹开始收集与巴尔扎克相关的各种资料："巴黎市立图书馆里有七八张巴尔扎克的石版画，但都很小。我请人拍了一幅粉彩画，非常漂亮，原作收藏在图尔美术馆，那里还有一幅布朗热的素描……此外，我找了容貌相似的人制作面具，阅读了有关他生平的重要文献。"罗丹去布鲁塞尔参观了巴尔扎克右手的翻模，传闻他惊呼："现在万事俱备。我将凭这只手，让巴尔扎克再现人间。"

周围人也纷纷助他一臂之力：摄影师纳达尔提供了一张银版照片；女作家奥雷莉寄来一张明信片，上面印有一块巴尔扎克形状的石头；古斯塔夫·热弗鲁瓦在圣日耳曼大道上发现一位与巴尔扎克长得一模一样的书商。罗丹的书房里有许多关于巴尔扎克的作品，书签上还有涂画的痕迹。通过以上信息，罗丹对巴尔扎克的外貌和性格有了一定了解，但这还远远不够。

"资料看得再多，没有模特就是白搭"

罗丹曾亲口承认，在没有模特的情况下他无法工作。他需要有东西做参考，不然就找不到头绪。

于是罗丹又去了图林，1889 年后，他多次与"卡米耶小姐"造访当地。而这一回，不仅是为了跟他的"学生"共度一段私人时光，更重要的是在作家故乡找一个模特。罗丹看中一名面相肖

"渐渐地，形状变得完整，罗丹的视线越来越清楚。终于，他看见了。他看到一个魁梧的身影，踏着有力的长步走来，衣袂飘飘间不带丝毫滞重。一头浓发披散在结实的脖颈上，长发之下是一张正在凝视的脸，一张专注凝视、灵感暗涌的脸，一张心无旁骛的脸。那是巴尔扎克，慷慨多产的作家、泽被后世的奠基人、挥霍命运的浪子……就这样，罗丹看到了巴尔扎克，一个聚精凝神、张力拉满的巴尔扎克。于是乎，《巴尔扎克》诞生了。幻象没有消失，而是迈进了现实。"

——里尔克

左图为像巴尔扎克一样裹在长大衣中的罗丹，欧仁·德吕埃摄于1914年。

似巴尔扎克的车夫，立即围绕后者研究了一通。

而为了确定整体轮廓，罗丹找到巴尔扎克的裁缝 M. 皮翁先生（M. Pion），向其订购了巴尔扎克同款长外套，并将衣服浸泡在石膏里，然后立着风干。

和往常一样，罗丹制作了巴尔扎克的裸体圆雕，以确保体态没有问题；另外还做了头像、半身像、躯干像、僧袍像、睡袍像、无首像。

"他们不懂，艺术是没有交付时间的"

由于用力过猛，罗丹大大超过约定期限。不耐烦的法国文人协会于 1894 年 10 月发出最后通牒，限其 24 小时内交付作品。罗丹在报纸上做出回应，要求"让他在思考、宁静、自由中完成纪念像，这三者是艺术创作不可或缺的条件"。双方争吵不断升级，致使支持罗丹的新任协会主席让·艾卡尔引咎辞职。罗丹提出将他收到的 10 000 法郎存入法国信托局，由后者保管到作品交付为止，他预计可以在一年内完成。

乔治·克列孟梭和古斯塔夫·热弗鲁瓦全力支持罗丹，而正在旅行的左拉则提醒后者："巴尔扎克还等着呢，你爱惜自己的名声是没错，但不能因此就耽搁他的荣誉。"

再生风波：法国文人协会拒收《巴尔扎克》

罗丹决定在 1898 年的美术协会沙龙上揭幕巴尔扎克像。预展结束后，法国文人协会拒收雕像。"委员会对罗丹先生在沙龙上展出的石膏像表示遗憾和抗议，并拒绝承认那是巴尔扎克"，协会在媒体声明中如此表述。委员会收回了 10 000 法郎，同时将委托转交给法尔吉埃。

1896 年 8 月 19 日,《时代报》宣布, 在尝试了大量裸体小样和穿衣小样后, 罗丹终于取得阶段性进展:"巴尔扎克或将采用立像, 以一种有力而简洁的姿态呈现: 双腿微微分开, 两臂交叉, 身披一件没有腰带, 垂至脚下的长睡袍。"

青铜像《巴尔扎克裸体习作 C》(下页图) 是 1892 年第一阶段研究的产物; 后续又做了石膏模《巴尔扎克的睡袍》(上图), 以便对体形有一个更准确的把握; 1900 年个展前夕, 罗丹将《穿僧袍的巴尔扎克上身像》固定在一根叶饰柱上 (右图)。

许多文艺界人士都为《巴尔扎克》站台，其中包括马拉美（左图）和莫奈，后者写信给罗丹道："随他们喧哗去吧，（在艺术的道路上）你从未走得如此之远。"这场纷争最终超出艺术爱好者的范畴，在普罗大众间也引发热议：1898 年美术协会沙龙上展出的原模（下页图），被讽刺像一枚印章、一袋石膏、一座石墓。76~77 页图为巴黎罗丹博物馆花园中的《巴尔扎克》青铜像。

　　罗丹的朋友和各界崇拜者纷纷撰文抗议并发起募捐行动。以德雷福斯（Dreyfus）冤案为导火索，自 1894 年起，法国社会一直处于撕裂状态，而拥护罗丹的人几乎都是德雷福斯的支持者。罗丹很害怕，担心相关争议会突破艺术圈，蔓延向更加凶险的政治领域，因此对一切声援活动都敬谢不敏。他在一封公开信中写道："我深切希望，我的作品能由我自己保管。"他自留了《巴尔扎克》，宣布不会在任何地方立这尊雕像。罗丹未将其翻铜，而是直接安放在他位于默东的花园里。为避免事态扩张，罗丹甚至拒绝了布鲁塞尔方面的出展邀请，当地市民对这件作品热情很高。一如每次感到不被理解就会陷入自闭，罗丹静待时间给他正名。"不管怎样，《巴尔扎克》一定会以'主动'或'被动'的方式走进人们心中"，罗丹如此写道。

从 1896 年起，罗丹和罗丝共同居住在默东的布里扬别墅。尔后，伊西堡濒临拆除之际，罗丹将外立面抢救下来，收藏在自家庄园里。1900 年回顾展收官后，罗丹在空地上翻建了阿尔玛馆；别墅周边还建有若干间工作室和小房子，供罗丹身边人居住。

罗丹和"卡米耶小姐"分手

《巴尔扎克》之所以迟迟难产，"酝酿作品需要时间"只是搪塞的借口。与卡米耶分手后，罗丹情绪消沉，逢人就抱怨自己低迷的状态。他经常拒绝邀约，哪怕是最亲密的朋友也请不动他。

1892 年，卡米耶搬至布尔多奈大街 11 号，尽

面对这个她一直尊称为"罗丹先生"的男人，罗丝·伯雷（右上图）选择在惶恐中忍受他的羞辱和不忠。卡米耶·克洛岱尔（左上图）则拒绝分享和依赖。

管没有彻底闹掰，但她不愿再与罗丹共同生活。卡米耶一直幻想着能和罗丹结为夫妇，但后者拒绝抛弃"老妻"罗丝·伯雷。1893 年 4 月，罗丹离开他在大奥古斯汀街的空巢，搬入罗丝位于贝勒维书吏路的住处，两人后迁居默东高地的布里扬别墅。

放不下"卡米耶小姐"的罗丹，曾希望通过付出加倍的关心，来维系两人解体的感情。即使分手后，罗丹仍继续支持旧爱，由中间人出面代为关照，只因卡米耶拒绝任何来自他的"施舍"。1892 年法国艺术家沙龙前夕，罗丹要求评委会主席确保卡米耶做的半身像能得到充分展示："如果是我的作品，我不会和你们计较，但是，我有责任捍卫一位年轻艺术家的权益，她无可比拟的才华值得你们用心对待。"1895 年，他向加布里埃尔·穆雷打招呼，希望后者以朋友之名，为他深爱的"天才"女士（"天才"一词并不为过）做点什么。罗丹有时会付钱给卡米耶的助手，因为她经常入不敷出。

1898 年，马蒂亚斯·莫拉尔特在《法兰西信使报》上发布了一篇有关卡米耶的长文，后者的名声越来越大，并在艺术家沙龙上展出了《小领主》《华尔兹》《长舌妇》《海浪》《克洛托》等一系列作品，其中尤以《成熟年代》自传意味最浓。

卡米耶陷入疯魔

卡米耶的情绪变得很差，开始出现被害妄想的早期症状。由于怀疑罗丹偷了她一块大理石，卡米耶愤怒地警告："给我当心点，不许靠近我的工作室。"早年共同生活期间，两位艺术家的风格非常接近，那会儿的卡米耶既是罗丹的缪斯，也是他的左右手。两人有时会围绕同一个模特进行创作，例如罗丹的《伽拉泰亚》和卡米耶的《背麦捆的少女》，两件作品见证了彼时二者情感与灵感的双重契合。分手的那一刻，卡米耶·克洛岱尔失魂落魄，她感到生命力被夺走，她用自己的天

她想独占罗丹，就像把
她作为艺术家的成功全
都归于自己一样。罗丹
非常喜欢卡米耶为他制
作的半身像（左图）。

才供养了罗丹，后者的事业如日中天，而她始终摆脱不了"罗丹学生"
的标签。深陷孤独的卡米耶被黑夜吞噬。

　　1905年后，卡米耶的强迫症发展成了精神病。据少数几个还能见到
她的人说，卡米耶的身体每况愈下，行为举止也十分怪异：夏天毁掉冬
天做的东西，或者一连消失数月，不留任何地址。

　　1913年，也就是卡米耶父亲去世那年，她先是被关在维勒－埃弗拉
尔，随后（由于一战）被转至蒙特维尔格，在那里她又生活了30年，最
后在沃克吕兹省蒙法斐疯人院的普通病房去世。

余晖之作：《克洛德·洛兰》《加莱义民》《维克多·雨果》

这十年间，罗丹的作品产出少了很多，然而《巴尔扎克》并未垄断他所有的精力和时间：1889 年受政府委托创作的《克洛德·洛兰纪念像》，几经波折之后于 1892 年在南锡揭幕。

加莱市长奥梅尔·德瓦弗兰总算等到六位《义民》平安落地的那天。但基座的选择再起争论。罗丹认为，要么用一个非常高的基座，类似韦罗基奥的《柯莱奥尼骑马像》那样——以开阔的天空为背景反衬造型；要么就非常矮，便于公众深入作品核心。委员会最终敲定了一个折中的方案，旨在"让包括我在内的所有人都满意"，罗丹苦涩地回忆道。

六位《义民》矗立在高耸的脚手架上，身姿气冲云霄，直插默东天空：这才是罗丹期望在加莱呈现的效果。

雕像于 1895 年 6 月 3 日落成，奥克塔夫·米尔博、罗杰·马克思、古斯塔夫·热弗鲁瓦，三人作为罗丹的好友出席了仪式，现场自然少不了第三共和国庆典必有的那些活动：体操比赛、铜管乐队游行、放飞热气球、宴会和演讲。直到 1924 年，《加莱义民》才被迁至军事广场的一块矮石板上，重新与同胞融为一体。

    1889 年，罗丹受托为先贤祠制作一尊维克多·雨果立像。由于他想表现的是一位坐姿裸体文人，与实际环境格格不入，只得无奈作罢。

    为示弥补，1891 年 6 月，罗丹获邀为卢森堡公园创作另一尊维克多·雨果像。

    石膏原模直到 1897 年才面世。这座大理石纪念像最终于 1909 年入驻巴黎皇家宫殿，距罗丹接到委托已过去 18 个年头！

1897 年，纪念像以完整姿态亮相美术协会沙龙，包含维克多·雨果和两位缪斯女神（下图）；1906 年，罗丹决定将《悲剧缪斯》和《冥思》剥离出来，变成两件独立作品；1909 年 9 月 30 日，正式落成典礼（上页图）在皇家宫殿花园举行，公共教育部长保罗·杜梅格现身仪式。

« E T   L A   G L O I R E   Q U I   V I N T… »

第五章
"当荣誉加身"

"我相信，通过展示我的雕塑和我对雕塑的理解，我将能够为艺术事业做出一份贡献。"经历了巴尔扎克像风波，又与卡米耶·克洛岱尔劳燕分飞，罗丹决心让所有不快都翻篇。随着经济条件逐渐宽裕，罗丹开始专注于推广他的艺术，并倾尽最后的力量创办了一座博物馆，将他全部的作品和收藏品汇集其中。

————

"罗丹在成名前就是一个孤独的人；当荣誉加身，他或许感到更加孤独。归根结底，所谓'名声'，不过是人们对陌生名字所抱持的误解与错觉的总和。"

——里尔克

上页图为 1907 年爱德华·史泰钦镜头下的罗丹；上图为创作于 1908 年的石雕《大教堂》。

罗丹非常注重作品的陈设，有时会向购买他雕塑的收藏家提供建议，告诉他们应该放在家里的什么地方。举办展览时罗丹更是毫厘必较，但凡认为位置不佳或光线不足，他就会找人挪动雕像。继1900年阿尔玛馆回顾展（上图）后，罗丹举办的展览有一个共同特点：白色。石膏的雪白和大理石的洁白互相映衬，令参观者目眩神迷。

阿尔玛馆回顾展

　　1900年6月1日，公共教育部长乔治·莱格亲临阿尔玛馆为罗丹个展揭幕。罗丹对自己在法国的首次回顾展寄予厚望，为世博会上来自全球各地的参观者准备了168座石膏像、青铜像和大理石像，其中有旧作、新作，也有半成品，桩桩件件都源于他长年不懈的艺术求索。墙上挂有罗丹的画稿和 71 幅出自欧仁·德吕埃之手的摄影作品。另外还有阐释罗丹创作手法的座谈会，由卡米耶·莫克莱尔、夏尔·莫里斯、埃德蒙·皮卡尔主讲。

阿尔玛馆还开启一系列海外巡展：1896 年空降日内瓦，罗丹与皮维·德·沙瓦纳、欧仁·卡里埃再聚首，三人是多年好友；1899 年转战布鲁塞尔；然后是鹿特丹、阿姆斯特丹和海牙，由罗丹第一位传记作者朱迪特·克拉岱尔操办。

国际性轰动

罗丹承担了巨大的经济风险，须通过出售展品来确保项目盈利。活动收官之际，他欣慰地写信给朋友比冈－凯尔："我跟你说，这一轮巡展反响热烈，受到广泛好评；营收方面，我成功赚回成本，作品累计售出 20 万法郎……几乎各大博物馆都有份儿。费城买下《沉思》；哥本哈根出资 80 000 法郎，还在博物馆里专设了一间展厅；汉堡、德累斯顿、布达佩斯等也相继解囊。虽然门票销量没有达到预期，但是作品卖出很多。"

展览在海外大获成功，要求巡展的呼声不绝于耳。罗丹的作品遂踏上了环球之旅：杜塞尔多夫、布宜诺斯艾利斯、蒙特利尔、东京、柏林……最成功的要数布拉格站：1902 年罗丹亲临当地为活动站台。

世界巡展结束后，作为布里扬别墅绝对的主人，罗丹授意在庄园内重建阿尔玛馆，配合上花园里神秘的婆罗浮屠佛像，似在向来客宣扬智慧一般，默东摇身变成了雕塑艺术的圣地。众多海内外名人、艺术家、使节乃至君主，都期望一探大名鼎鼎的罗丹工作室。1908 年，罗丹在他的"白色圣殿"接见了英国国王爱德华七世和乔治·伯纳德·萧（即萧伯纳）。

举办展览的同时，罗丹还将自己对雕塑和艺术的思考归纳成一套系

罗丹在构思作品时，力求各个角度都具有可看性，即观者可以绕着圆雕欣赏。他将石膏模放在两米多高的柱子上（右图），看起来弱不禁风，俨如栖息树顶的白鸟。上图为罗丹和洛伊·富勒现身1906年马赛殖民地博览会。

统理论。在夏尔·莫里斯的帮助下，他撰写了《法国大教堂》一书，并于1914年3月出版，引发巨大轰动，仅几个月后就发生了令罗丹震惊不已的兰斯大空袭。

大作没有，小作繁多

罗丹重置了大批旧作，许多雕像被放大或熔毁。同期新作题材驳杂，如怪里怪气的《皮维·德·沙瓦纳纪念像》，以及画家詹姆斯·惠斯勒的纪念像——1903 年，罗丹接替惠斯勒成为伦敦国际艺术协会主席。一些拖拖拉拉的项目终于迎来收尾：《思想者》早在 1888 年就推出过小尺寸单体像，1904 年美术协会沙龙上，它以大尺寸面貌亮相，一如既往地招致大量批评……人们发起公开募捐，希望将放大版《思想者》安顿在巴黎某个广场上……1906 年 4 月 21 日落成当天，塞贡 - 韦伯夫人（在先贤祠的台阶上朗诵了雨果的诗歌《斯泰拉》。1909 年，《维克多·雨果纪念像》落地皇家宫殿花园。

委托纷至沓来。据估计，1900 年后约有 50 名"操刀手"在罗丹麾下工作。其晚期大理石作品风格独特，常被形容为"半加工"，人物从未经打磨的原石中宛然浮现，这种璞玉感让罗丹备受海外收藏群体的欢迎，比较有代表性的如《上帝之手》《大教堂》，以及一系列造型优美，充满动态张力的舞者小像。

"一位赋予石头以生命、雕像以灵魂的宗匠"

暮年的罗丹以半身像为主业，客户大多是英美的达官显贵：画家萨金特的好友亨特小姐——她又将罗丹引荐给了沃里克伯爵夫人；夏娃·费尔法克斯夫人；美国报业巨头普利策；德凯；凯特·辛普森夫人；美国联合太平洋铁路公司老板乔治·哈里曼；金融家兼艺术收藏大家托马斯·莱恩——他在纽约大都会博物馆设立了第一个罗丹展区；还有其他许多人。

此外，他依然坚持为友人和熟人做半身像：古斯塔夫·热弗鲁瓦、马塞兰·贝特洛、安娜·德·诺瓦耶、埃莱娜·德·诺斯蒂茨……在洛伊·富勒的牵线下，罗丹认识了日本舞蹈家花子，他被后者的容颜深深吸引，竟一连为她做了 53 件作品。

罗丹还为他人生中的最后一春——舒瓦瑟尔公爵夫人捏过肖像。随着身心愈发疲惫，罗丹任由自己陷入冒牌公爵夫人的温柔乡，不知对方

左图为创作于 1906 年的《坐着
的柬埔寨女舞者》。

罗丹对一板一眼的传统芭蕾不感兴趣，倒是氛围神秘的柬埔寨舞蹈（上页下图：罗丹正在写生陪柬埔寨国王出席1906年马赛殖民地博览会的女舞者），以及活力张扬的俄罗斯芭蕾十分合他胃口。下图小像是尼金斯基，仿佛在集聚全身的能量。为舞蹈家花子（左图）非凡的表现力所倾倒，罗丹专门给她做了半身像。

功成名就的罗丹曾为许多女性崇拜者捏过肖像，这些人或真情或假意，有些诚心喜欢罗丹的作品，有些则打着罗丹本人的主意。从左至右：安娜·德·诺瓦耶，一位对成品失望而放弃购买的诗人；美国收藏家凯特·辛普森，为罗丹开拓美国市场提供了巨大帮助；夏娃·费尔法克斯，英国议员厄恩斯特·贝克特的情妇，或是她忧郁的面容启发里尔克写下这段话，"飘忽不定的微笑，在眉眼间落下浅浅的温柔，这温柔透得像层纱，每一次呼吸都会叫它轻扬"；最后一位是舒瓦瑟尔"公爵夫人"，这个狐狸精骗了罗丹长达七年，利用他的年老和天真，离间他与周围人的关系。两人分手的消息还上了报纸：1912年，《纽约时报》以"罗丹与公爵夫人闹掰"为题进行了报道。

一心只想霸占他的财产。数以百计的画稿就这么没了，直到很久以后罗丹才反应过来，这个工于心计的美国女人满脑子都是利用他赚钱。1912年，两人一刀两断。罗丹回到默东，与罗丝重修旧好，周围人悬着的心终于落了地。

"似有若无的笔调、不假思索的线条、一气呵成的轮廓，她们就这样跃然于纸上"

罗丹在他的职业生涯中从未停止过绘画。19世纪90年代末，以写生裸女为契机，他探索出一种从心所欲的作画方式。根据他的解释："我不是一下子就想到的，而是怀着忐忑的心情慢慢摸索。渐渐地，随着理解的加深，我能够越来越坦然地摒弃偏见，直面模特，甚至有些享受。于是我决定试一试。"罗丹叮嘱姑娘们（大部分是无名氏）尽可能表现得自然一点："不要只是装作在梳头，要真的梳。"她们在工作室里走来走去，罗丹一边用眼睛追踪，一边让手在画纸上游走："我快速记录下观察到的动作，但没有刻意控制运笔。"

　　流畅连贯的线条化繁为简，让绘画回归本质。这些线描既不是速写，也不是预备草图或临时草图，而是长期实践经验的结晶。正如他将《地狱之门》分解成独立作品，把群雕拆成单体像，罗丹让笔下人物跳脱一切客观束缚之外，从而凸显人物本身的原生美感。

下图拍摄于大理石库房工作室，罗丹身着工作衫，站在大理石雕《上帝之手》旁边。

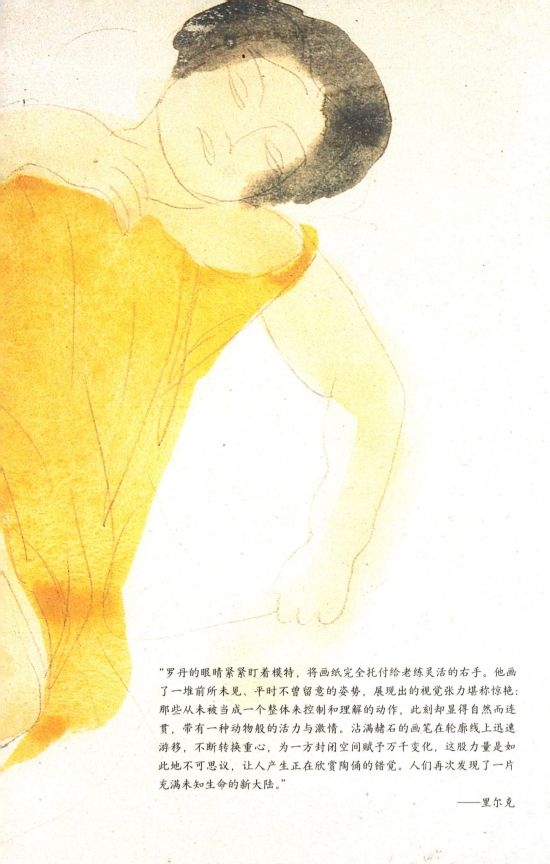

"罗丹的眼睛紧紧盯着模特，将画纸完全托付给老练灵活的右手。他画了一堆前所未见、平时不曾留意的姿势，展现出的视觉张力堪称惊艳：那些从未被当成一个整体来控制和理解的动作，此刻却显得自然而连贯，带有一种动物般的活力与激情。沾满赭石的画笔在轮廓线上迅速游移，不断转换重心，为一方封闭空间赋予万千变化，这股力量是如此地不可思议，让人产生正在欣赏陶俑的错觉。人们再次发现了一片充满未知生命的新大陆。"

——里尔克

1908 年，罗丹在德旺贝艺廊展出了他的线描。路易·沃塞勒在展览手册中这样介绍："一挥而就的图像，没有错笔，没有改笔，纯粹、大胆、真实。"

"这些简笔画的初衷无关诠释，而是为了捕捉刹那间的生命。与寄情梦境的雷东不同，罗丹无意描绘奇观异景。这些肢体变形的舞者，这些或扭动，或慵懒，或痛苦，或疲惫，或痴狂，双臂软若枕头的女人，她们本质上都是被捕捉和揉捏过的生命。我说的是'揉捏'，因为罗丹作画的方法与他做雕塑的手法一脉相通。"

——路易·沃塞勒

1900 年前后，罗丹乐此不疲地画了大量女体线描，并运用水彩二次渲染，笔法奔放自由。从情色裸体到女同情侣，这些颇具挑逗意味的艳情画，在他与卡米耶·克洛岱尔决裂后集中涌现，总数达 1500 幅之多。罗丹有时会把画好的人体剪下来贴到其他背景上，这种在同辈眼中"古怪而摩登"的创作手法，无疑影响了马蒂斯、莱热等后生。

铁打的罗丹，流水的秘书，连里尔克都无法胜任

展览、委托、出访不仅耗费时间，还需要做大堆案头工作。20世纪初，罗丹专门聘请了秘书，负责回复邮件、归档和翻译海内外新闻剪报，以及处理千头万绪的日常琐务，正处于事业巅峰期的罗丹根本无暇顾及。许多人接手过这份繁重的差事，但罗丹并不给他们多少自主权，在一众碰过壁的人中，最著名的当数赖内·马利亚·里尔克，由于对一封商业信函干预过多而被解雇。诗人是由他的雕塑家妻子克拉拉·韦斯特霍夫介绍来的，在他之前还有铸造师欧仁·吕迪埃的侄子勒内·舍吕。罗丹后来承认："我总是不耐烦地对里尔克发火，但他是我永远的朋友。"

艺术大师入住毕宏宅邸

1908年，和解后的里尔克写信给罗丹："亲爱的朋友，真希望你能亲眼看看我今早入住的这栋美丽建筑。三扇大落地窗恰好对着一座荒芜的花园，不时可以看到天真烂漫的兔子在花架间跳跃，那图景就像在欣赏一幅古老的挂毯。"

在政教分离前，毕宏宅邸一直归耶稣圣心会所有，如今则被廉价出租，房客中既有名不见经传的小人物，也有当下和后来的名人，例如考克多、马蒂斯、伊莎多拉·邓肯、里尔克。"罗丹租下了右翼整个低层和一层，以及中央的方形大厅……他渴望拥有这样的房间已经很久了，但一直没能实现。……他计划把这里变成藏宝阁，时不时地来找一找，透过气派的落地窗观赏花园，没有人会来这里打扰他。"里尔克错了，毕宏宅邸很快就访客不断。

罗丹的藏品包括埃及青铜器和小雕像（上图）、波斯微型雕像、古希腊和古罗马的半身像及躯干像，它们散布在宅邸各处：杂物棚里、花园里、工作室里，甚至餐厅的饭桌上。

"我把所有作品捐给国家"

1900 年后，罗丹荣誉不断：1903 年，他被授予荣誉军团司令勋章，作为庆祝，布德尔在韦利济森林举办了一场乡村派对，许多朋友都来参加，欣

里尔克感谢罗丹为他在毕宏宅邸预备了一张桌子："这张桌子好比一片宽广富饶的平原，我的手稿犹如村庄，就此有了容身之地。"

赏伊莎多拉伴着小提琴声在草地上起舞。1905年，耶拿大学授予他荣誉博士学位；1906年，格拉斯哥大学授予他荣誉博士学位；1907年，牛津大学授予他荣誉博士学位。这位被世人广泛认可的雕塑家，他现在唯一的梦想，就是建立一座以自己名字命名的博物馆。

当法令要求毕宏宅邸的房客悉数迁出时，罗丹得到了宽限。于是他提出一项交易："我将名下所有作品——石膏像、大理石像、青铜像、石像、画稿，以及我为培训艺术家和工匠而搜集的古董收藏，全部捐赠给国家。我请求国家将所有这些藏品都保存在毕宏宅邸，并将其改造成罗丹博物馆，同时保留我终生居住在那里的权利。"罗丹把档案给漏了，那些陈年资料也将成为捐赠的一部分，即他从19世纪80年代初就开始订阅的舆情专报、他收到的信件、他作品的照片以及他的藏书，许多都是专门送给他的签名本。

罗丹的提议得到了政客克列孟梭、保罗·邦库尔和阿里斯蒂德·布里安的支持。在文艺界，古斯塔夫·科基奥和朱迪特·克拉岱尔为其奔走呼号，德彪西、阿波里耐、罗曼·罗兰、阿纳托尔·弗朗斯、克洛德·莫奈等在请愿书上签名。

1912年，部长会议同意罗丹在有生之年使用毕宏宅邸。接着战争打断了谈判。所幸，热爱绘画和摄影的部长艾蒂安·克莱芒泰尔在关键时刻伸出援手，捐赠事宜于1916年获得批准。

接二连三的中风让罗丹一日不如一日。里尔克说："晚年的罗丹每天都在怪异和唏嘘中度过。他变得越来越沮丧、易怒、古怪，只有少数几个熟人还能见到他，但无一不震惊于他的胡言乱语和木讷昏聩，最让人揪心的，是他脸上溢于言表的焦虑之色。"

罗丹身边依然徘徊着许多心怀不轨的女人，好友们一致认为他应该与终身伴侣罗丝·伯雷结婚。1917年1月29日，两位老情人在布里扬别墅的工作室结为连理。2月14日，罗丝去世，11月17日，罗丹追寻她而去。两人的葬礼于11月24日举行。

默东，伊西堡外立面前，在《思想者》的守望下，奥古斯特·罗丹长眠于罗丝·伯雷身侧。

各界名人和生前友人都出席了葬礼。官方致辞结束后，女记者塞弗琳献上了一段感人肺腑的告别词。尽管气氛哀伤，但现场还是爆发出热烈的掌声。

TÉMOIGNAGES ET DOCUMENTS

资料与文献

A Rodin

罗丹与女性

合作者、弟子、仰慕者、蛇蝎美人，她们之于罗丹，或是白月光，或是红玫瑰，或化作他手中的雕像，或成为他笔下的缪斯。下文书信鲜活再现了这群可爱的女性，她们共同串联起了罗丹的人生轨迹和艺术生涯。

对于拼写和断句，罗丹有自己独特的理解，用他的话讲："说到底，我犯拼写错误，就和别人出现作画失误一样平常。"

致罗丝·伯雷（1844—1917）

53 年间罗丹始终温柔相待、不离不弃的伴侣。

布鲁塞尔，1871 年 2 月至 9 月间

亲爱的罗丝，今天我又想你了，这几天不是在想你就是在想你的路上。真的，要不是有旁人在我就给你写一封长信。我在乡下一切都好，呼吸新鲜的空气，享受灿烂的阳光，但我的心始终和你在一起。我仿佛听到他对你说了些甜言蜜语然后你笑得很开心，我对你的这一连串思念都是源于你曾经唱过的一首歌，我的脑海里又响起了你的歌声：

> 士兵啊，请听我说
> 不要把真相告诉我的母亲
> 而是对她说
> 我在布雷斯劳（Bresleau）
> 被波兰人俘虏了

她可能再也无法见到我

你看，我又开始多愁善感了。我总是这么阴晴不定，这样善变，偶尔也会有些美好的小情绪，虽然我并不习惯长期和它们做伴，它们偶尔光顾一下，我表示欢迎，为它们难得的造访感到高兴并热情地予以招呼，只要它们别来得太勤快。我不喜欢被情绪掌控，哪怕是美好的情绪。玩笑话就说到这吧，回信多写点那样我会很开心。给雕塑补水的时候千万不要弄得太湿，以免腿发软。感谢你能帮着照顾石膏像和黏土像。

两星期后我会寄些钱来，代我问候普耶伯夫夫妇（Pouillebœuf）。

我寄了65法郎，30法郎给福蒂内·赞格兰迪（Fortuné Zangrandi），就是那个代我照看你的意大利人，他会来取给我父母的30法郎，剩下的5法郎你留着买化妆品。我寻思把钱寄给你的话，妈妈就不用跑腿了。替我向他们报平安，照顾好爸爸。告诉我你们的近况，可以找贝尔纳（Bernard）代笔。我的地址：新桥街，新桥咖啡馆。

你的朋友，奥古斯特·罗丹

一张不苟言笑的面孔：罗丹于1880至1882年间制作的罗丝像。

卡米耶·克洛岱尔（1864—1943）笔

罗丹的情人兼搭档。

"独占欲的化身，绝不接受分享。"

罗丹先生：

由于闲来无事，我再次给您写信。您无法想象伊斯莱特（Islette）有多美。我今天在中厅（温室）用餐，从两边都能看到花园。库塞尔夫人（Courcelles）提议（我一点也没搭腔），如果您愿意的话，您可以时常或者说经常去她那儿用饭（我想她非常期待您的光临）。这里真的太漂亮了！

我在庄园里逛了逛，发现干草、小麦和燕麦都已经割过了，四周风景非常迷人，很适合散步。如果您信守诺言，我们可以一起探索这片天堂。您将拥有梦寐以求的办公房，我想库塞尔那个老太太会对我们百依百顺。

她告诉我，如果我想要泡浴，附近有条河，她女儿和女仆一直去，绝对安全。您要是同意的话，我就照做了，这倒正合我意，不用为热水浴专门跑一趟阿泽（Azay）。如果您能在卢浮宫百货、乐蓬马歇百货（哔叽料子）或图尔给我买一套深蓝色的小泳衣，有白色饰带的那种，上衣加裤子（中码）的两件式，那就再好不过了！

裸睡是为了骗自己您就在身边，早上醒来却发现只有我一个人。

给您一个大大的吻。卡米耶。千万别再骗我了!

奥古斯特·罗丹回复卡米耶·克洛岱尔

1886 年 10 月 12 日

从今天起,1886 年 10 月 12 日,我将只有卡米耶·克洛岱尔小姐一位学生。我会调动一切人脉关系,特别是那些有影响力的朋友,尽我所能地为卡米耶小姐铺路,我的朋友就是她的朋友。我承诺不再招收任何学生,以避免潜在的竞争对手,尽管我认为像她这样与生俱来的艺术家并不多见。展览方面,我将尽全力为她争取展位资源和报纸曝光度。我不会再以任何借口去见……夫人,也不再教她雕塑。待五月展览结束,我们便动身去意大利,在那里至少待上六个月,这将是我们不解情缘的开始,卡米耶小姐从此就是我的"妻子"。如果卡米耶小姐应允,我很乐意为她制作一尊大理石小像。四五个月后,也就是五月之后,我将不再有其他女人,否则就是违背誓言。如果智利的项目开工,我们就改去智利,而非意大利,不会带任何我认识的女模特。卡加(Carjat)将为卡米耶小姐拍摄一组便装照,或许还会拍一套晚礼服照。卡米耶小姐将在巴黎逗留至五月,并保证在五月份之前每月在其工作室接待我四次。

罗丹

致奥克塔夫·米尔博(1850—1917)

激情燃烧的岁月最终以不欢而散收场,但罗丹一直默默关心着
曾经的学生,他给奥克塔夫·米尔博的信便是证明。

亲爱的米尔博:

……克洛岱尔小姐才华出众,却鲜有人赏识。你有心帮她,并让所有人都知道你的意图,你为她、为我、为你的信念付出了那么多,可是米尔博

啊，我们身处一个充满谎言的时代，善良可能成为阻碍，大度反而会帮倒忙。我不知道克洛岱尔小姐是否愿意和我一同出现在你家，我们已经两年没见面，我也有两年没给她写信了。我到场与否，还是看克洛岱尔小姐的意思吧。偶尔心情好的时候，我会感到宽慰些，但我永远不会忘记生活的残酷。

沙瓦纳（Chavannes）将撰写一封声明，由几位朋友签名后呈交给部长，可我心里还是没底：几乎所有人都认定克洛岱尔小姐受我的庇护。被误解到这种程度，她作为当事人完全可以发声，说是我的雕塑家朋友和一些别有用心的人（那些利用我缺乏门路，在部委里肆意抹黑我的人）在泼脏水。但我们不能气馁，因为我对克洛岱尔小姐的成功充满信心，只是怕届时，这位可怜的艺术家会伤心，比现在还伤心，看清生活的真面目后，她会为姗姗来迟的成功而哭泣，懊恼于她这样一位踏实的艺术家竟成了自尊心的牺牲品，悔恨为这场争斗和这份迟到的荣誉耗费了太多力气，结果只换得一身的伤病。

向你和你的夫人致以最诚挚的问候！

罗丹

贝勒维，书吏路 8 号

塞纳－瓦兹省（Seine-et-Oise）

这封信太泄气了，千万别让克洛岱尔小姐看到，她的地址应该还是意大利大道 113 号。

致埃莱娜·瓦尔·波尔热斯（Hélène Wahl Porgès，1864—1930）

画家、罗丹的好友兼旅伴。1914 年，罗丹为她翻制手模，并开始创作她的半身像。

默东，1896 年 2 月 5 日

亲爱的女士：

我希望自己能尽快走出烦恼。我现在除了工作就是睡觉，但我感到很幸福，或者说离幸福不远了，因为我又找回了年轻时的感觉，浑身上下都是干劲。虽然不像过去那样有用不完的精力，可我对女性的爱没有减退半分，只不过是以另一种形式，就像欣赏自己神圣的姐妹。无论是身体还是心灵，那份精雕细琢都让人赞叹不已。伟大的造物主在制作你我时，肯定对你们进行了更加细致的打磨……

每天早上，我都会出发探索一片新的区域。这个地方的雾景真是一绝，铁路每时每刻都在吞云吐烟，加上四处弥漫的薄雾，用事实告诉你什么叫"无边无际"。如果有人能画下这个，只需要稍微训练一下天赋，就再没有什么可以难倒他。

你还在工作？本周感觉好些了吗？

致以深切的慰问和崇高的敬意！

奥古斯特·罗丹

索菲·波多尔斯卡（Sophie Potolska，1868—1943）笔

罗丹在1899至1905年间的模特、学生和情人。

1900年3月4日，星期日

亲爱的老师：

对我来说，这世上最残酷的折磨，莫过于无法将思念传达给您，无法通过书信拉近与您的距离。

尽管备受煎熬，但您的音容始终伴我左右，每天都期盼着得到关于您近况的一点点消息。您的思念，您的怜悯，是我此刻最好的良药，是对我最温暖的抚慰，能帮我最大限度地重拾力量。老师啊，在这种绝望关头，我愈发感受到你的疏离，心也比平时更紧。每每想到您对我的痛苦不闻不问，我就感到万分悲哀和失望，您可是我最亲近的人啊。不要抛弃我，不要抛弃我的灵魂，此刻的我是如此需要您，我的老师，我的父亲，您是要将我的过去全都抹去啊！

我想您，老师，无时无刻不在想您。我渴望见您，渴望知道您过得怎么样，然而我还没有勇气去见您，因为太多回忆萦绕在我的心头，但这也是此刻最甜蜜的事。方便的话，请捎句话给我，告诉我您的近况，只为让我安心。我要继续工作了，先说到这儿吧，老师，记得想一想我，那个亟需您关怀的我。我爱您，您永远的索菲。

附言：您的疏远和冷漠是我经历过的最残忍的事。我爱您，我想见您，希望在周三五点半左右见您。如果需要改天，请告诉我。老师啊，我需要您的思想和您的灵魂，帮我找回力量与平静。这些天来，您一直身体欠佳，也许您在生我的气，这让我倍感自责。或许我应该早点给您写信。先就这样吧，老师，让我从您那双温柔的大眼睛中获得安宁。

致夏娃·费尔法克斯（1871—1978）

这位"英国夫人"的半身像透露出一丝神秘。

巴黎或默东，1904 年 7 月 18 日

亲爱的费尔法克斯女士，尊敬的朋友：

我收到了您的来信，我很高兴看到您如此关心朋友，如此尽心尽力。

您的慷慨奉献和热心肠是女性风度的典范。

你们宛若超自然领域里的太阳和苍穹：在众多涉及女性的言论和文字中，常常出现抹黑你们的不实之词，然而令人钦佩的是，你们始终像善良的女神一样光华夺目。

即使你们闭口不言，但你们美丽的身姿、沉静的表情、优雅的举止（或许非你们本意），已然是触及艺术家灵魂的动人表达。

如果机会允许，我期待在巴黎与您见面。在那之前，我将通过尚未完成的半身像与您作陪。崇高的敬意和诚挚的慰问，来自一块悉听尊便的大理石。

罗丹

格温·约翰（Gwen John，1876—1939）笔

画家兼模特，曾是罗丹的情人，并一度深陷其中，《惠斯勒缪斯》（*La muse Whistler*）的原型。

约 1906 年星期二晚

亲爱的老师：

那天，和您一起在雾中漫步，我感到无比快乐，特别是在最后时刻，您说了一番话——您懂我的意思——就是您在车站说的那些话。老师，您是我的一切：我的爱人、我的财富、我的家人。您对我而言就是一切。但请不要有压力，老师，我不会让您觉得无聊，哪怕是我被嫉妒甚至绝望攫住的时候。相比于您，我对自己非常有信心。

爱情让我温顺，而不是刻薄。

您的玛丽

致埃莱娜·德·诺斯蒂茨（Hélène de Nostitz，1878—1944）

德国女文人兼罗丹好友。*1901—1914* 年间，两人有大量友好通信。*1902* 年，罗丹为她做了半身像。

马德里，1905 年 6 月 5 日

……我想我还是应该感谢您，亲爱的女士，因为我之所以能获得这样的荣誉（成为耶拿大学的荣誉博士），一定程度上要归功于我的朋友们，而您，我认为是对我帮助最大的人，是您温柔而深邃的智慧，让我的思维重新焕发青春，使我的智慧得到升华和净化。相信我，恰在此刻，当我向您表达感激之情时，我才惊喜地意识到这一点，我总是后知后觉，非要事实摆在眼前才能反应过来。

然而，可以这么说，我的智慧才刚刚发芽，就像一颗种子落入沃土，它

会随着时间和思考开枝散叶。当然了，还得有个好记性。

凡事都有终结，对此我坦然接受，只是到了我这个年纪，当目睹迷人的自然景色在眼前流逝，看着花开花落，草木枯荣，我总会惊讶于镜前自己的苍老，因为我自觉还能爱，还能理解，只要没有耗尽最后一丝精力，我就仍可以像原始人一样快活。佩鲁吉诺（Pietro Perugino）笔下的春色曾触动你我，而今他的灵魂与我同在：世间万物都闪耀着爱的光辉，大地郁郁葱葱，一如佩鲁吉诺画中那般蓬勃，每每见此便心生欢喜。

现如今的我，只要贝多芬在耳边响起，便不禁想到意大利，想到兴登堡夫人（Madame de Hindenburg），想到您，亲爱的女士，想到傍晚灿烂的阳光。事实上，我越来越少听音乐了，但我对音乐的热情并未减退，只是不再像从前那样快乐，每天都那么高兴。

不知您是否喜欢我拍的照片，我还有其他的。

奥古斯特·罗丹谨上

克莱尔·德·舒瓦瑟尔（Claire de Choiseul，1864—1919）笔

罗丹最后一任正牌情人。

我的挚爱：

我深感悲伤，每当想到与你、与我的爱人、与我的偶像、与我热恋的一切相隔千里，我便无法释怀，唯一的安慰就是你的来信。亲爱的，请经常给我写信，以缓解这异地分离的痛苦。星期天，我会去邮局看看是否有你的思念。告诉我你爱我，因为我只为你而活。

我刚收到你的电报，很高兴知道你已经平安抵达！告诉我你在做什么？你喜欢芒通（Menton）吗？我有种感觉，与你分别的那个黑色星期三已经过去很久，生活陷入了停滞，我身处深渊，在噩梦中挣扎，而你离开仅仅两天，我仍须熬过无数个痛苦的小时，才能再次见到你，我的爱！

我爱你！我的生命和我的肉体都在呼唤你。作为你的女人，我想依偎在

罗丹与克莱尔·德·舒瓦瑟尔，
约摄于 1910 年。

你身边，把头枕在你的胸口，听你用亲昵的声音说我是"你的小女人"，我希望能一直这样快乐下去！把你全身都亲个遍……你真该看看，你的一走了之，让我承受了怎样的痛苦。我尝试忍耐，但是，有伴侣却见不到他的身影，听不到他说撩人的情话，只有一个又一个不眠之夜和孤单寂寞的日子……把我的全部、我的灵魂、我可怜的心，以及这具眷恋着你的小小身体全都献给你。给我写一封甜甜的信吧。

你的小女人

1907 年

罗丹与同时代作家

但丁、巴尔扎克、波德莱尔和维克多·雨果是罗丹崇拜的作家。此外，他还与同辈文人保持着密切联系，赢得了当时文学界的普遍认可和支持。

夏尔·波德莱尔（1821—1867）

1892 年，马拉美主持的委员会决定为波德莱尔打造一尊纪念像，但在选址上产生了分歧：一拨人主张立在蒙帕纳斯公墓，另一拨人提议放在卢森堡公园。马拉美找到罗丹，在征求过意见后，将委托交给了他，然而，这个项目一如既往地被搁置了……"这不是波德莱尔，而是波德莱尔的脑袋，更准确地说是画师马尔泰斯特（Malteste）的脑袋，只不过把波德莱尔的面部特征生搬硬套了上去。瞧瞧这宽大的脑门，这鼓囊囊的太阳穴，这坑坑洼洼、疤疤癞癞，但总体还算圆润的脑壳，简直和克拉岱尔笔下的额头一模一样；眼神有些斗鸡，嘴角带着嘲讽，唇线弯弯扭扭一副苦相，嘴巴四周微微隆起的咬肌似乎在暗示这是个吃客。"

《恶之花》(Les Fleurs du Mal)

1887 年 12 月 29 日，保罗·加利马尔（Paul Gallimard）委托罗丹为《恶之花》绘制插图。据说，罗丹仅花一年时间就完成了任务，用龚古尔兄弟在《日记》中的话说，他希望"接地气"。但似乎没几幅画是专门为《恶之花》创作的，有些甚至是直接临摹他自己的雕塑，所用技法也与版画相仿，笔触纵横交错，几近再现了雕塑作品的观感。

亨利·贝克（Henri Becque，1837—1899）

以贝克赠送《乌鸦》(Les Corbeaux) 的时间为基准，他与罗丹的友谊至少可以追溯到 1882 年。当时，贝克正在为自己的赤陶半身像担任模特，罗丹在雕塑之余，创作了铜版肖像《亨利·贝克三视图》（*Henri Becque, trois vues*）。本着触类旁通的原则，罗丹做起肖像版画来也得心应手，关键就在于"面面俱到"。

威廉·欧内斯特·亨利（William Ernest Henley，1849—1903）

1881 年，罗丹第一次到伦敦旅行时，在雕刻家阿方斯·勒格罗的引荐下，结识了英国诗人亨利，身兼艺术评论家的他，一眼就看出了罗丹的天才，于是将后者介绍给英国主流社会，由此便有了 1884 年的石膏半身像，以及 1881 至 1903 年间两人饶有趣味的书信往来。下文是 1886 年亨利对半身像的评价："这座半身像非常漂亮，神似我，只是太瘦了点，过于理想化，与模特本人相比，少了些张扬，也缺了几分英国味道。"罗丹还赠予过他一件取材自奥维德《变形记》（*Métamorphoses d'Ovide*）的石膏像，"献给诗人亨利，他的老朋友，奥古斯特·罗丹"，现收藏于伦敦泰特艺廊（Tate Gallery）。

奥克塔夫·米尔博（1850—1917）

米尔博是最早为罗丹发声的作家之一。罗丹在他家寄宿过两次，一次两星期，另一次一个月。米尔博曾向龚古尔兄弟吐露（《日记》，1889 年 7 月 3 日星期三）："面对大自然时，那个平日里沉默寡言的他竟变得口若悬河，侃侃而谈，俨然一位无所不晓的博学家，从神学到九行八业，所有知识都是他通过自学获得……"以下几件事见证了两人深厚的友谊：首先是罗丹博物馆保存的 192 封书信；其次是罗丹于 1889 年为米尔博做的赤陶半身像；接着，1894 年，在一本《塞巴斯蒂安·罗克》（*Sébastien Roch*）的封面上，罗丹用钢笔绘制了米尔博的肖像，这本书后来送给了龚古尔兄弟；再者，米尔博于 1897 年为莫里斯·弗纳耶（Maurice Fenaille）出版的罗丹画集撰写了序言；最后，罗丹为米尔博的《酷刑花园》（*Le Jardin des supplices*）配了插图。关于这点，在 1907 年 3 月 15 日出版的半年刊《时评》（*La Revue*）中，有一段保罗·格塞尔（Paul Gsell）对米尔博的采访，后者表示，比起雕塑，他更喜欢罗丹的绘画。按米尔博的说法，为确保豪华版插图的色彩效果，印刷时总共使用了 18 种墨水。这组插图生动展示了罗丹新颖的作画手法，全程以一种非常自由的方式记录模特，其灵感正是源自米尔博及他的作品。事实上，米尔博本人也是一位开明的艺术爱好者，他曾建议罗丹购买梵高的《唐吉老爹》（*Père Tanguy*）。

安娜·德·诺瓦耶（Anna de Noailles，1876—1933）

1906 年，罗丹赠予这位女诗人一份无价之礼——一副青春永驻的容颜。在 1912 年 8 月 24 日的《巴黎生活》（*La Vie Parisienne*）画报上，安娜坦言，"感觉像在电影镜头前做戏，而不是在为雕塑家摆姿势"。罗丹希望模特能够展现出自然和动感，而非僵硬如木；相应地，安娜·德·诺瓦耶对她的半身像也不太满意，由于母亲一脉拥有希腊血统，她认为成品的鼻子捏得不够挺，并且对"密涅瓦"这一具有双关意味的命名也颇有微词，觉得公众不会被这种标题吸引。不过，安娜并不记仇，她还给罗丹寄诗，后者这样回礼："您道出了世界上最简单的事情，在您之前却没有人说过，您让我们找到了宝藏，找到了在我们面前沉睡数个世纪的镭……"

赖内·马利亚·里尔克（1875—1926）

里尔克称赞罗丹为"取之不尽的大师"。1901 年，里尔克与雕塑家克拉拉·韦斯特霍夫（Clara Westhoff）结为连理，并通过妻子对罗丹产生了兴趣。1902 年 9 月 2 日，两人初次见面；1903 年，里尔克出版了一本关于罗丹的书；1905 年 9 月，里尔克拜访了布里扬别墅，并受到罗丹的热情款待。尔后，根据里尔克的通信记录，由于工作上无法调和的矛盾，两人发生了嫌隙，最终在 1906 年 5 月分道扬镳。仅时隔一年，当里尔克邀请罗丹参观他在瓦雷纳街 77 号的寓所时，罗丹毫不犹豫地答应了。

《抵达默东》（*Arrivée à Meudon*）

……他欢迎我，说"亲切欢迎"显得多余；他欢迎我，就像你沿着人迹罕至的小路，重返心爱之地；他欢迎我，就像在你离开的日子里，日夜欢唱、流淌、闪耀的泉水；他欢迎我，就像树林为候鸟开道，任由赶路的它们掠过林网；他欢迎我，就像一条长满蔷薇的小径，为远道而来的客人引路；

他欢迎我，就像一只认出你的大狗，眼神从迟疑转为安心；他欢迎我，就像一位端坐宝座的东方神明，一言一动都给人沉稳持重的印象；他欢迎我，脸上挂着女人般的微笑，举止透着孩子般的占有欲。他带我参观了庄园，其间明显地放松下来；他的"领地"变大了，在博物馆的上风处和花园的斜坡上又增建了几栋小房子。房屋、过道、工作室、花园，珍奇古董遍布四处，与他的作品相亲，与父母相伴，陶然自乐，只因当这些宝贝睁开眼睛，目光所及唯有彼此熟悉的身影，不会撞见陌生的人和物。他同样满心欢喜，时而摸摸美丽的肩膀，时而揉揉精致的面庞，远远地便能通过嘴唇，读懂它们的心思。

他身上的一切都在绽放，都在成长！人们会理解他的艺术，欣赏他超越时代的作品，即那些顺命而生、应势所需、动人心魄、锐不可当的天意之作！他犹如一颗冉冉而上的明星，注定抵达无人能及的高度。

克拉拉·里尔克（Clara Rilke）收
默东，1905 年 9 月 15 日

《罗丹与舆论》（*Rodin et l'opinion publique*）

当面对质疑时，他不再自我怀疑，那已经是过去式了。他的命运不再受制于旁人的认可和评判；当他们以为可以用嘲笑和敌意摧毁他时，却不知道他已有自己的决断。改变心境后，任何外界的杂音都无法传入他的耳朵，既不会因为赞美而自满，也不会因为批评而迷惘。他一如单纯的帕西法尔（Parsifal），在纯粹中磨砺作品，在孤独中锤炼技艺，只有永恒的大自然和他相伴。作品是他唯一的沟通对象，早上醒来时与他说话，晚上继续在他手中低语，宛若放下乐器后依然萦绕耳畔的余音。这就是为什么他的作品如此桀骜：因为它们在问世时就已经完美无缺，而非有待改进、需要旁人认同的半吊子。他的作品就是这般完美，是无法撼动、无法规避的现实。好比一个国王获悉王国内要新建一座城市，他思考是否应该赋予这一特权。几经犹豫，他终于启程前往那片土地，待抵达时，一座巨大宏伟的城市跃入眼帘，坚实而完善，仿佛自远古时代就矗立在那里，城墙、塔楼、城门一应俱全。就像公众得知消息后纷纷前去围观，结果却意外欣赏到他无可挑剔的作品一样。

亨利 · 罗什福尔（Henri Rochefort，1831—1913）

　　这位著名讽刺作家是通过埃德蒙 · 巴齐尔（Edmond Bazire）认识罗丹的，因为他是《不妥协者》报（*L'Intransigeant*）的创始人。他这样描述1884年摆姿势的经过：罗丹花了一个小时在鼻尖和额头上糊了坨黏土，又花了一个小时把它抠掉。他抱怨道："这是珀涅罗珀（Pénélope）在做半身像吧！"有一点不容忽视，那就是模特本人起伏不定的脾气，他的字典里就没有"耐心"二字，但也正是他的幽默感深深吸引了罗丹。两人对古董有着共同的喜好，甚至还一起买过赝品塔纳格拉（tanagra）雕像。尽管如此，这位记者并不总能理解罗丹的艺术：他揶揄《巴尔扎克》为"雪人"；即使自己的半身像，于1897年做成放大版后，他也无法体会其中的美感。然而，罗丹曾为他找到一种拉丁字体，米尔博则打趣他"长了颗恺撒同款脑袋"。

塞弗琳 · 卡罗琳 · 雷米
（Séverine Caroline Rémy，1855—1929）

　　作为一名具有革命精神的记者，塞弗琳毫不犹豫地拿起笔杆替罗丹发声，而后者专门为她绘制了肖像，以示感谢。多亏塞弗琳，我们才有机会欣赏到罗丹作品中罕见的绘画风格——炭笔画，粗犷的光影处理明显带有雕塑的痕迹。除此之外，1893年，罗丹还创作了一颗充满灵气的小脑袋，然而，根据塞弗琳的说法，在摆姿势的过程中，罗丹表现得心浮气躁，这导致半身像最终没能完成。1917年11月24日，塞弗琳在罗丹的葬礼上发表悼词，忠实地完成了他的遗愿。后者曾对她说："塞弗琳，我听过你多次演讲，每回都非常尽兴，你是雄辩的天使。我死后，请在我的墓前说几句话。"让 · 贝尔纳（Jean Bernard）在1929年4月28日的《油印机报》（*Le Duplicateur*）上补充道："她拿起一朵玫瑰，亲吻了一下，然后扔给了逝者。"

乔治 · 伯纳德 · 萧（1856—1950）

　　萧伯纳半身像的来龙去脉：

1906 年，有人提议，何不在我的生命之花凋谢前，为世人留下一尊我的半身像？于是问题出现了：能否说服罗丹承担这项工作？这是我想都不敢想的事情；因为在我看来，罗丹不仅是当今最伟大的雕塑家，也是他那个时代最杰出的雕塑家，是像米开朗琪罗、菲狄亚斯（Phidias）、普拉克西特列斯（Praxitèle）一样跨纪元的非凡人物。

我还希望能有艺术家当面为我绘制一幅肖像。虽然我已有多幅肖像，画得也很精美，然而，这些都是名人光环下的形象，我本身从未被名声所迷惑，因为我自己就是名声的缔造者。名声于我是必须戴上的面具，和穿外套、穿裤子一个道理，是基于体面不得不坚持的伪装……

看看这尊半身像，与那个署名 G.B.S. 或萧伯纳的著名作家完全画不上等号，但同时又跟我惊人地相似，因为它展现的是真实存在的我，而非公众心目中的我……

……他干活非常卖力，犹如一位为了每天三四法郎工钱，屈尊给花园砌墙的河神。有疑问时，他会用一个老式铁质罗盘量量我，量量半身像。如果鼻子做得太长，他就切掉一截，再按住末端收口，和玻璃工更换玻璃一样，不带任何感情，也没有矫揉造作。发现耳朵位置不对，他便切下来粘到正确的位置上，同时为冷血的肢解行为向我妻子道歉（她似乎很期待看到这块栩栩如生的黏土像汨汨冒血），解释这样做比重捏一只耳朵要来得快。

——克洛迪·朱德兰（Claudie Judrin）
罗丹博物馆馆长
1976 年展览手册

罗丹与摄影师

　　罗丹博物馆珍藏了超过 7000 张照片，均是在罗丹本人的精确指导下，由一众摄影大师和一些不知名的摄影师共同拍摄而成，堪称名副其实的罗丹作品大全，为他在世时的成功做出了重要贡献。

　　总的来说，19 世纪的雕塑家并不把照相机视为潜在竞争对手，没有证据显示他们像 1862 年的画家群体那样反应激烈，抗议将摄影与传统意义上的艺术——尤其是绘画艺术——相提并论。

　　这是因为雕塑家相较于画家更加依赖工具，并且离不开精雕工、翻模工等人员的协助，对艺术品的复制与量产已经习以为常。此外，摄影和雕塑在

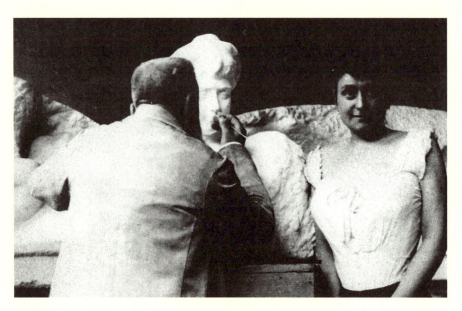

正在制作辛普森夫人半身像的罗丹。

技术层面有一些共通之处：例如与石膏像类似，通过感光底片捕获的摄影图像可以复制、放大或缩小……还有一点值得一提，无论是二维还是三维艺术品，在涉及机械复制时，所使用的工艺术语大同小异，不外乎打样、翻印/翻模、放大、缩小，而雕塑和摄影恰好自带这些操作，于是双双被贴上"工科"的标签。艺术界对此嗤之以鼻，因为他们和波德莱尔一样坚信："真正的艺术爱好者不会将艺术与工业混为一谈……"

然而，各行各业的艺术家很快发现，摄影不仅是理想的作品宣传媒介，还非常经济实惠，以极低的成本就能让模特永久为自己所用。此外更是一种高效的存档方式，在将特定主题或题材转化为作品前，他们可以尽情考据、采风、积累资料……

罗丹之所以被视为摄影领域的先驱者，并非因为他支持摄影，而是因为他频繁且多样化地运用这门技术，属于最早把摄影玩出新意的那一批人。不过，与他积极尝试的姿态相反，罗丹对摄影的评价大多带有贬义。但随着与摄影师群体的深入接触，他的观念逐渐发生转变，到了 19 世纪 80 年代，即罗丹雕塑创作的鼎盛期，他顺理成章地将照相机引入工作室，与其他工具视同一律。

早年间，罗丹曾与博德梅（Charles Bodmer）、帕内利耶（Victor Pannelier）、弗罗伊勒（Daniel Freuler）等摄影师有过短暂合作，由于缺乏文献记载，我们无法获知这些人的招募渠道，可能是临时雇佣、偶然相识或熟人介绍。他们将镜头对准工作室中材质各异、处于不同制作阶段的雕塑，其中，只有博德梅名下的照片数量庞大且经过精心整理——逐一编号并装订成册，呈现出一定的收藏意味。那个时代，以摄影图片代替模特的做法在雕刻、绘画和雕塑领域广泛流行。罗丹有时会在照片上涂鸦，用铅笔或水粉重绘成自己的作品。

1896 年，罗丹在日内瓦举办了一场摄影展，总计 28 张照片，其中绝大部分是他未曾公开过的雕塑作品。从那时起，罗丹认识到摄影是桩多么划算的买卖：花小钱，就能获得可以无限复制的图像。为了给筹备中的艺术论著提供图片支持（排版和宣发是报业朋友要操心的事），罗丹聘请了一系列摄影师，并亲自从旁指导，期望拍出与其艺术造诣相匹配的作品集：布洛

（Bulloz）的手法中规中矩，偏向纪实，而从德吕埃开始，美学探索的味道愈来愈浓，哈维斯（Haweis）、科尔斯（Coles）、史泰钦（Steichen）一个赛一个飘逸，达到雕塑与摄影彼此升华的境界。

——埃莱娜·皮内（Hélène Pinet）

声名在外、门庭若市的罗丹工作室

空间是雕塑家首要关注的问题。为满足自由创作和存放作品的需求，罗丹一生中累计拥有约 20 间工作室，还曾创下同时使用六间工作室的壮举。朋友、艺术家、政治家、外国代表团纷纷到访参观，大师也一改往日脑腆，热情地与来客分享他的艺术。

居住地 & 工作地

1863—1864 年：巴黎 13 区，勒布伦街 96 号

1865 年：巴黎 18 区，埃梅尔街 5 号

1864—1871 年：巴黎 9 区，克利希大道

1871 年：布鲁塞尔，新桥街 36 号

1872—1877 年：布鲁塞尔郊区，伊克塞勒无忧街 111 号

1877—1882 年：巴黎 5 区，圣雅克街 268 号

1877—1886 年：巴黎 15 区，富尔诺街 36 号

1880—1917 年：巴黎 7 区，大学街 182 号，大理石库房

1885 年：巴黎 15 区，圣泉女神街 17 号

1886—1887 年：巴黎 14 区，普安索街 10 号

1885—1890 年：巴黎 15 区，沃吉拉尔街 117 号

1887—1895 年：巴黎 14 区，福宝 – 圣雅克街 17 号

1888—1902 年：巴黎 13 区，意大利大道 113 号，与卡米耶·克洛岱尔合住

1890—1898 年：巴黎 13 区，云雀欢唱街，福利 – 帕扬别墅，与卡米耶·克洛岱尔合住

1896—1917 年：默东，保罗贝尔街，布里扬别墅

1898—1917 年：默东，葡萄园街 14 号

1904—1917 年：默东，孤儿院街 10 号

1908—1917 年：伊西莱穆利诺，城堡街 1 号

1908—1917 年：巴黎 7 区，瓦雷纳街 77 号，毕宏宅邸

沃吉拉尔街 117 号

罗丹的主要工作室之一，他在这里制作了《加莱义民》。

我在沃吉拉尔街工作室找到了罗丹，那是一间很普通的雕塑工作室：墙壁上溅满了石膏渍；铸铁炉子简陋不堪；用湿土做成的大型雕塑散发出阵阵阴冷，它们自己却用破布裹得严严实实；到处都是脑袋、胳膊和腿的分件；"残肢断骸"间，侧躺着两只干巴巴的猫，形如一对卧倒的狮鹫。屋内还有一名模特，光着膀子，目测像装卸工人。

罗丹旋动转台，上面是六位《义民》的泥模，大小与真人无异，看着有血有肉，肌体起伏的处理尤为出色，堪比安托万 – 路易·巴里（Antoine-Louis Barye）对动物肋部的刻画。

罗丹还向我们展示了一组手稿，包括一个裸体女人、一个意大利女人、一种矮小轻弹的生物，以及一只他说是豹子的动物……

大学街 182 号

从沃吉拉尔街工作室出发，罗丹带领我们前往他位于军事学院（École Militaire）附近的工作室，参观那座专为装饰艺术博物馆打造的《地狱之门》。两扇巨大的门扉上细节密布，纷繁复杂，乍看就像一块凝固的石珊瑚。然而，经过几秒钟的适应后，我们终于从这堆状似珊瑚岩的大杂烩中，分辨出一簇簇参差错落、凹凸有致的精致人形，男男女女雄起雌伏宛若浪涌，跌宕的气势可与米开朗琪罗的《最后的审判》（Le Jugement dernier）相媲美，攒集的人数比起德拉克罗瓦的群像画也不遑多让，而且，《地狱之门》还是破天荒地以浮雕方式呈现，也就罗丹和达卢有这样的魄力。

1900 年摄于大学街，罗丹与大理石库房工作室的合影。

沃吉拉尔街工作室充满了真实的人性，而天鹅岛（Île des Cygnes）上的这间则是但丁笔下诗意人性的家园。

——《龚古尔日记》

天鹅岛大理石库房

该工作室于 1880 年分配给罗丹，供他完成《地狱之门》项目。

这是一间真正意义上的"工作室"，顾名思义，让人一眼就联想到"辛劳"和"作业"，唯一存在的理由就是供人完成工作。这里没有任何布艺或摆设，几幅朋友的画作被用帆布遮住，以防沾染石膏灰尘。内饰仅有：用湿布包裹的草样；等待孵化、尚未成形的灰色泥块；未来作品的小样；进行中的半成品；当天的工作。只须扫视一圈，便不难猜到屋主是个"工作狂"，精神状态也可窥一斑，他毫不关心外面的世界，因为根本不需要外部的刺激，对他来说，有黏土和凿子就够了。甚至连空气里都满是工作的味道，提醒着这是要投入一生的工作，是必须全力以赴的工作，是软硬都不吃的工作，是不存在妥协的工作，是永远没有完竣之日的工作。

——爱德华·罗德（Édouard Rod），《美术报》（*Gazette des Beaux-Arts*）

默东工作室

罗丹在布里扬庄园的空地上，重现了 *1900* 年回顾展的展馆。

宽敞明亮的大厅里，一尊尊明媚耀眼的白色雕塑，似乎正透过高挑的玻璃窗打量来客，就像水族馆中的鱼群，让人在震撼、新奇之余，还有种万众瞩目的错觉……未踏入其中，却已然感受到这数以百计的雕塑是同一个生命——是同一种力量与同一个意志的化身。眼前的一切，彼此独立，又密不可分。大理石像《祈祷》（*La Prière*）；天地万物化成的石膏像；简直是一个世纪的杰作……像军队般浩浩荡荡。巨大的展示柜里摆满了《地狱之门》的残片，壮观到难以言喻。残片并排陈列着，长达数米，人物和我手掌差不多大，也有再大些的，但都七零八落，见不到一具完整的躯体：这边厢，一截胳膊一截腿地并列放着，旁边是属于他们的躯干；那边厢，一个人物的躯干挨着另一个人物的脑袋，同时贴着第三个人物的手臂……仿佛曾有一场无法形容的风暴、一场前所未有的浩劫降临到他们头上。然而，看得越多，就越深刻地体会到，如果每个人物都完好无损的话，这一切反而会不那么完整。

这些残片呈现出一种不可思议的自洽性，每块都独立成件，无须补全，让人不禁忘了面前眼花缭乱的展品只是些断肢残腿，而且还来自不同的躯

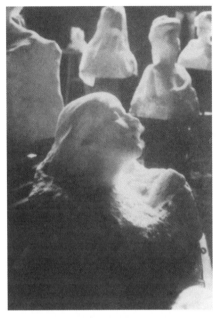

左图石膏像为《痛苦》(*La Douleur*)；右图石膏像为《维克多·雨果半身像》以及两尊《冥思》(*Méditations*)。

体。我突然想到，把人看成一个整体更像是科学家的事情，而艺术家要做的，是重构不同身体部件之间的关系、利用它们创造出新的个体，更伟大、更合理、更永恒⋯⋯他们身上不竭的灵感、无穷的创造力、充实的头脑、纯粹而强烈的表达欲、澎湃的朝气，以及不断涌现奇思妙想的天赋⋯⋯在人类历史上可谓无出其右。

放眼望去，桌子、转台、五斗柜上布满了用棕陶和黄陶做成的微雕作品。不及小拇指粗的手臂满盈生命张力，看得人心跳加速；两分钱硬币就能盖住的手掌，却是经年功力的凝练，结构清晰且毫无矫饰，好似被某个巨人放大了一般——这就是罗丹制作微雕的方式，以他自己为比例参照。

"宽敞明亮的大厅里，一尊尊明媚耀眼的白色雕塑，似乎正透过高挑的玻璃窗打量来客，就像水族馆中的鱼群。"

罗丹太"高大"了，尽管做的是微雕，他也非常努力地想要做小一点，但成品依旧比你我都要"壮观"……这样的微雕作品共有数百件之多，竟然无一雷同，每一件背后都蕴含着一种情感、一种爱、一种奉献、一种善良、一种探索。

——赖内·马利亚·里尔克

技术门道

为了将捏好的泥模转变成石膏像、大理石像或青铜像，雕塑家需要与不同专长的工匠通力合作，依次包括：翻模工、放大工、粗雕工、精雕工、铸造工、锈染工。

轮廓

罗丹通过精准的多重轮廓还原人体的真实面貌。

当我开始塑造一个人物时，我会先观察正面、背面、左右两侧的轮廓，也就是四个基本面的轮廓；然后用黏土捏出大致形状，尽可能地贴近眼前的形体；接着制作过渡面，即从四分之三侧面看到的轮廓；再之后，我不断转动黏土和模特，边比对边修整……

所谓人体轮廓，指的是一个人身体的边缘线，由其身体形态所决定。我通常会让模特待在光暗对比明显的地方，这样能更好地突出轮廓。完成一个轮廓后，我便转动黏土转台和模特地台，制作下一个轮廓，如此继续，直至把一圈身体轮廓都做出来。

尔后进行第二轮精修，使轮廓更加紧致、造型更加精准。

由于人体有无数的轮廓，我会尽我所能，在我认为必要的范围内多做一些。

当我转动地台时，原先被阴影遮挡的部分便暴露在光线之下，这样就能清晰看到新的轮廓。因此，我习惯在明亮的环境中工作，或者尽量选择有光源的地方……

轮廓捏得准确时，我会感到非常庆幸，因为造型是否还原，必须等轮廓全部做完，放在一起比对后才能知道……

观察轮廓时，要俯视结合仰视，既要从上方看，也要从下方看，从高处看低处的轮廓，从低处看高处的轮廓，简而言之，要认识到人体的厚度……

我会一边观察模特，一边审视手中的泥模，比对胸肌、肩胛、臀部的平面，大腿上隆起的肌肉，以及扎在地上的脚掌。在创作《青铜时代》时，我给自己找了一把梯子，画家绘制大幅作品时使用的那种；我爬上梯子，从高处检查轮廓，努力确保模特与泥模在压缩透视下也看起来一致。

原理类似于"景深绘画"，按照我说的方法操作，就能避免出现"平面雕塑"的问题……

只有轮廓准确无误，并且过渡处理得当，成品才不会失真……

当我专注于塑造轮廓时，我进入了真理的世界，所有手法都是顺势而为，甚至有些多余，因为作品浑然自成。与大自然传递、灌输给我们的智慧相比，人类的思考显得如此短浅。我们所要做的就是模仿；个性与共性本就是一体两面……

如果一个人物不是基于自然原则和几何知识创作而成，它就会缺乏真实性，换言之，缺乏表现力，并且与现实世界之间存在难以消弭的隔阂。仅凭灵感做出的人物，无论多么高大或精致，都只是虚有其表，因为我们只能通过大自然进行创作。是大自然让艺术家——当他学会理解和诠释大自然——成为创作者，或者说精湛的模仿者。

——亨利·杜雅尔丹－博梅（Henri Dujardin-Beaumetz）

《对话罗丹》（*Entretiens avec Rodin*）

泥塑

在 19 世纪，雕塑和泥塑是同义词。一名成功的雕塑家不会亲自雕刻，而是由手下雕刻工代劳，在他的指挥下加工大理石。

我的雕塑手艺是一个叫康斯坦（Constant）的人教的，那时我刚入行，在一间装饰工作室里做小工。

某天，我正在用黏土捏一个叶子装饰的柱头，康斯坦见到后说："罗丹，你的做法有问题，叶子看起来不够真实，全都直板板地趴在那里，试着让一些叶子指向你，这样视觉上会有纵深感……记住我接下来说的话。"他继续道："以后做雕塑时，切忌用平面眼光看待造型，要有纵深的概念……始终把表面看作是体积的末梢，看成后者延伸向你的一部分，只是宽窄不同而已。牢记这一点，才能真正做好雕塑。"

我从康斯坦的建议中获益良多，并推而广之地运用到人物创作上。身体的各个部位不再是简单的平面形状，我将它们想象成内部体积的外凸，致力于让肢体上的每一块隆起都反映出皮下肌骨的走向。由此，出自我手的人物不再是空皮囊，而是从内而外地绽放出生命的活力……

——罗丹

摘自《艺术论：保罗·格塞尔记》（*Entretiens réunis par Paul Gsell*）

翻模

> 翻模是铸造前至关重要的一步，除了按照原作尺寸等比例翻制，还可以借助缩放仪放大或缩小。

"翻模"是一个模棱两可的术语，既可以表示"翻模"这项操作，雕塑制作过程中必经的一道工序，也可以指代"翻模"操作得到的产物。翻模，顾名思义，与"原创"无关，其本质是复制品，并且数量不限。批量翻模所使用的分体式模具被称为"好用的空心模具"，可拆解设计确保脱模时不会受损，因而能多次连续复用；翻模材料包括石膏、陶土以及现代的树脂。批量翻模技术极大地提升作品的传播力，从而使商品化和教具化成为可能。19世纪曾兴起一股"翻模热"，涌现了大批公共与私人收藏。

回归雕塑制作，翻模能将由黏土或雕塑泥做成的泥模（这些材料过于脆弱，难以保存）转化为石膏模，变成仅此一件的母模和原始模具，又称"消失的空心模具"，因为后续会损坏。完整操作流程可概括为：给泥模涂抹几层石膏，待到风干，将泥模从石膏模（浮雕是一整块，圆雕是两瓣壳）中取出——泥模损毁——填入翻模材料，最后一步即拆毁石膏壳。

翻模不仅是成品制作的关键环节，也是前期创作的重要辅助手段。并非所有人都像罗丹那样大手笔，不管做出什么都一股脑地翻成石膏保存，许多雕塑家更倾向于使用陶土翻模，保留原型的同时方便对小样进行二次加工；另一些雕塑家会在石膏小样的基础上试验新灵感和新思路。

上述情况都是通过拓印作品来获得翻模，此外也可以直接翻印实物。

然而，尽管翻印人体、布褶、动物被纳入工序之列，由此得到的翻模默认不可直接使用。

无论是菲利普·罗兰（Philippe Roland）于 1783 年创作的《尤蒂卡的卡顿之死》（La Mort de Caton d'Utique），还是罗丹为 1877 年沙龙展准备的《青铜时代》，抑或《克莱奥·德·梅罗德》（Cléo de Mérode），这些作品都被谣传是雕塑家挪用翻模件拼凑而成，此类丑闻对事业刚起步的艺术家伤害极大：罗兰和罗丹必须想办法自证——罗丹随后以右手翻模为基础创作了《上帝之手》（La Main de Dieu）——是他们精湛的技艺和对人体的了解，赋予了争议作品完美的解剖结构……

总之，常规雕塑翻模以石膏件为主，需要专业工匠制作，从事这一行的大多是意大利裔；涉及商业作品打样，则陶土件更受青睐，便于调整外观，优化卖相：作品脱模后，下一步即是烧制（需要将内部挖空，以防在高温作用下开裂），艺术家可以在入窑前做最后的修饰，为作品赋予生动的浮雕质感，毕竟翻模过程中难免有细节流失。

安托瓦内特·勒·诺曼 - 罗曼（Antoinette Le Normand-Romain）

《19 世纪雕塑》（La Sculpture au XIXe siècle）

法国国家博物馆联合会（Réunion des musées nationaux, R.M.N.）

罗丹作品中的组合与嫁接

> 罗丹以早期人物创作为素材库，从中汲取整体或局部来塑造新
> 形象，这种手法在 20 世纪自成一派，再次证明了罗丹的先见之明。

组合与重复

《地狱之门》上的《三个影子》（*Les Trois Ombres*）看着很熟悉？那是罗丹微调《亚当》手臂后，将变体"一式三份"组合在一起做成的；个中用意显而易见，即通过"三位一体"的构图方式，在正面视角下完整呈现雕像的各个侧面。尔后，《亚当》们又化名《三个绝望的人》（*Les Trois Désespérants*），以另一种站位呈现在公众面前，彼此之间相隔更开，允许观者绕着三人转来转去。上述例子让我们得以一窥罗丹的创作心理和习惯，目前在默东庄园进行的石膏清点也予以证实，即他会有意识地积累相同主题的作品，借此构筑起一套专门的"语汇"，以便从中汲取灵感、截取局部、添加元素、修改原貌，或直接融入新的构图。

与其盯着一具身体反复修改，不如先做一个特别满意的原型，再利用它衍生出别的造型。

通过对同一人物的多个复制品进行排列组合，罗丹炮制出了一件又一件似曾相识的新作品。

首先是对称组合，即以同一条轴线为中心进行重复，例如，《三个影子》和《三位女牧神》（*Les Trois Faunesses*），以及《秘密》（*Le Secret*）中两次使用同一只右手的情况。

其次是错位组合，即人物身姿不在一个平面，比如《夜，双人版》（*La Nuit, assemblage de deux épreuves*），原型《夜》（*La Nuit*）出自未能完成的组雕作品《劳动塔》（*La Tour du travail*）；此外还有《女罪人》（*Les Damnées*），两个人物经过差异化处理，不易察觉重复。

另一些作品凭借更复杂的组合机制，展现出媲美戏剧的视觉张力。

——妮科尔·巴尔比耶（Nicole Barbier）

压条法

"重复使用已完成作品的部分或全部来创作新作品的方法。"压条法可说是罗丹的拿手好戏，构思新作品时总少不了翻出老作品的石膏模，或借鉴化用，或直接移用：有些已经做成终版，即曾被展出、铸成铜雕并出售；另一些汇集成他创意源泉的分支，这批作品带有实验性，背后是一系列目的不明、琐碎、私人、与艺术创作全然无关的研究：一闪而过的灵感、写在本子一角或石膏块上的笔记、滋养他公共艺术创作的胡思乱想……

压条法是罗丹作品研究中无法回避的课题，《女殉道者》（La Martyre）、《冥思》（La Méditation）、《乌戈林之子》（Fils d'Ugolin）、《跪着的女牧神》（La Faunesse à genoux）和《掉落的男人》（L'Homme qui tombe）都运用了这一技法；此外，许多耳熟能详的组雕作品也是通过压条法改编而来，以单体像《疲惫》（La Fatigue）为例，它是《恣意的青春》（La Jeunesse triomphante）、《雅典之死》（La Mort d'Athènes）、《保罗与弗兰切斯卡》（Paolo et Francesca）、《大地与月亮》（La Terre et la Lune）、《沉睡的亚当与夏娃》（Adam et Ève endormis）等作品的原型组件。归根结底，罗丹青睐压条法的原因主要有二：首先，方便他翻陈出新，更加高效地进行商业创作；其次，能满足他天马行空的探索欲，使那些不被时代理解的疯狂灵感得以宣泄——亦因如此，即便到了今天，他的部分作品仍然充满谜团，让人百思不得其解。

阿兰·博西尔（Alain Beausire）

《19世纪雕塑》

法国国家博物馆联合会

失蜡铸造

目前流行的失蜡铸造工艺，基本沿袭了公元前5世纪古希腊雕塑家所使用的技术，并在现代科学的帮助下进行了改良。倒模、刮

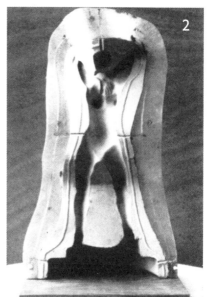

芯、制蜡模、制铸模、脱蜡、烧模、浇注、抛光、上锈，走完整套
流程需要大量的时间和耐心。本文以《地狱之门》上的《女牧神》
小像为例，详细介绍了失蜡铸造的每一步。

1. 雕塑家首先使用石膏、黏土、大理石、石头或木头制作一个原型，也
就是所谓的"原模"；表面涂上保护剂以防在倒模过程中受损。

2. 倒模所用的模垫由薄而富有弹性的材料制成，并以抗性更强的外模进
行加固，这种设计能够承受熔蜡倒入模具时产生的压力；对于大型作品，通
常采用加压方式注蜡。

3. 使用上述模具翻制耐火芯，由于内模即原模的精确赋形，所以耐火芯
的造型与原型完全相同。

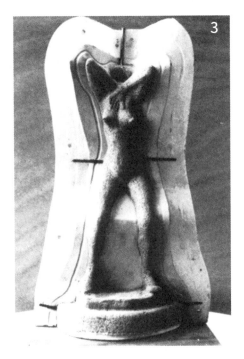
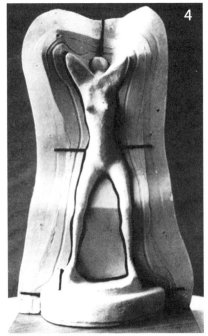

4. 接下来便是"刮芯"，即刮去耐火芯的表层，旨在给倒入熔蜡预留空间；空间的宽窄将决定青铜壁的厚度。

5. 待耐火芯打磨完毕，用模具将其裹住，将熔蜡倒入两者间的空隙；此环节对完美再现雕像原貌至关重要，得到的蜡模须手工修饰，以确保忠于原型；如有必要，艺术家会在这一阶段介入，对蜡模进行润饰、修改，或强化其表现力。艺术家签名、作品版号和铸造厂信息也是在这一步加上的。

6. 给蜡模"种植"蜡管，形成名为"蜡树"的网状结构，用于导流加热后融化的蜡液；在后续浇注过程中，这些管道还能起到分散熔融青铜和排出空气的作用。

7. 将耐火泥均匀涂抹在蜡模和蜡管的表面，直至整件作品，连带支撑架，都变得坚硬结实，这样便完成了"铸模"；对模具进行烘焙，随着蜡液流出，耐火芯和铸模中间形成空隙；此步骤即为"脱蜡"。

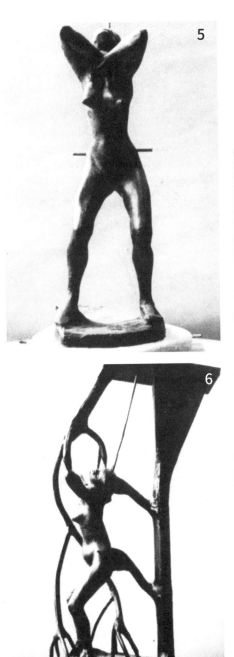

8

9

10

8. 铸模加热到高温（550℃~600℃），再厚敷一层耐火泥，必须等到外壳完全干燥后才能浇注青铜。

9. 将熔化的青铜（1200℃）浇入模腔，填充蜡液留下的空隙；打破铸模，取出铜模：雕像及其身上的管道与蜡模时一模一样。

10. 剪去管网并对铜模表面进行修整，打磨掉所有痕迹，整个过程非常考验细心和耐心，纯靠手工精修来恢复铜像应有的面貌，这一操作名为"錾刻"；铜像内部耐火芯的残渣也要仔细清理掉。

抛光完毕后，在铜模表面冷涂或热涂上氧化剂，形成轻微的腐蚀层，呈现出"锈色"，这道人为做旧工艺被称为"上锈"，能够保护青铜在未来很多年里不再受到进一步的侵蚀；铜锈常见褐、绿、蓝三色，有深有浅，雕像放置在室内还是暴露在露天环境会直接影响铜锈呈现出的色泽；如今的艺术家已经把锈色玩出新高度，懂得利用它们为作品赋予独特的魅力。

铭谢顾拜旦铸造厂（fonderie de Coubertin）

谨献给康托尔基金会（fondation Cantor）

相关文献

文字、言论、信函

［1］奥古斯特·罗丹述，保罗·格塞尔记，《艺术论》，格拉塞出版社，1986年；1911年于巴黎首次出版。

Rodin, Auguste, *L'Art*, entretiens réunis par Paul Gsell, Grasset, 1986 (Paris, 1911).

［2］亨利·杜雅尔丹–博梅著，《对话罗丹》，罗丹博物馆，1992年；1913年于巴黎首次出版。

Dujardin-Beaumetz, Henri, *Entretiens avec Rodin*, musée Rodin, 1992 (Paris, 1913).

［3］奥古斯特·罗丹著，夏尔·莫里斯作序，《法国大教堂》，巴黎，德诺埃尔出版社，1983年；1914年由阿尔芒·科林出版社首次出版。

Rodin, Auguste, *Les Cathédrales de France*, introduction par Charles Morice, Paris, Denoël, 1983 (Armand Colin, 1914).

［4］阿兰·博西尔、埃莱娜·皮内编，《罗丹书信集：1860—1899》，罗丹博物馆，1985年。

Beausire, Alain et Pinet, Hélène, *Correspondances de Rodin 1860-1899*, musée Rodin, 1985.

［5］阿兰·博西尔、弗洛朗斯·卡杜奥编，《罗丹书信集：1900—1907；1908—1912；1913—1917》，罗丹博物馆，1986—1989年。

Beausire, Alain et Cadouot, Florence, *Correspondances de Rodin 1900-1907; 1908-1912; 1913-1917*, musée Rodin, 1986-1989.

［6］赖内·马利亚·里尔克著，《写给罗丹的信》，塞伊出版社，1931年。

Rilke, Rainer Maria, *Lettres à Rodin*, Le Seuil, 1931.

［7］米歇尔·皮埃尔、让–弗朗索瓦·尼韦编，《米尔博与罗丹通信集》，蒂松，杜莱罗出版社，1988年。

Pierre, Michel et Nivet, Jean-François, *Mirbeau, correspondance avec Rodin*, Tusson, Du Lérot, 1988.

［8］安娜·里维埃、布吕诺·戈迪雄编，《卡米耶·克洛岱尔书信集》，伽利玛出版社，2003年。

Rivière, Anne et Gaudichon, Bruno, *Correspondance de Camille Claudel*, Gallimard, 2003.

著作

［1］妮科尔·巴尔比耶著，《罗丹大理石作品赏》，罗丹博物馆，1987 年。

Barbier, Nicole, *Les Marbres de Rodin*, musée Rodin, 1987.

［2］阿兰·博西尔著，《罗丹与他的展览》，罗丹博物馆，1988 年。

Beausire, Alain, *Quand Rodin exposait*, musée Rodin, 1988.

［3］埃米尔－安托万·布德尔著，《雕塑与罗丹》，阿尔泰出版社，1978 年。

Bourdelle, Antoine, *La Sculpture et Rodin*, Arted, 1978.

［4］露丝·巴特勒著，《罗丹，一位天才的孤独》，伽利玛出版社，1998 年；1993
版书名为《天才之影》。

Butler, Ruth, *Rodin. La Solitude du génie*, Gallimard, 1998 (The Shape of Genius, 1993).

［5］朱迪特·克拉岱尔著，《罗丹，光环下的他与不为人知的他》，格拉塞出版社，
1936 年。

Cladel, Judith, *Rodin. Sa vie glorieuse, sa vie inconnue*, Grasset, 1936.

［6］玛丽－皮埃尔·德尔克洛著，《罗丹，生命的碎片》，罗丹博物馆，2003 年。

Delclaux, Marie-Pierre, *Éclats de vie*, musée Rodin, 2003.

［7］艾伯特·爱德华·埃尔森著，《探秘罗丹工作室》，菲登出版社，罗丹博物馆，
1981 年。

Elsen, Albert E., *Dans l'atelier de Rodin*, Phaidon, musée Rodin, 1981.

［8］贝内迪克特·加尼耶著，《古代艺术是我的青春》，罗丹博物馆，2002 年。

Garnier, Bénédicte, *L'Antique est ma jeunesse*, musée Rodin, 2002.

［9］弗雷德里克·沃尔克·格伦菲尔德著，《罗丹》，法亚尔出版社，1988 年。

Grunfeld, Frederic, V., *Rodin*, Fayard, 1988.

［10］朱德兰·克洛迪著，《罗丹素描作品大全，第六册》，罗丹博物馆，1984—1992 年。

Judrin, Claudie, *Inventaire des dessins de Rodin, 6 vol.*, musée Rodin, 1984-1992.

［11］安托瓦内特·勒·诺曼－罗曼著，《罗丹与地狱之门》，罗丹博物馆，1999 年。

Le Normand-Romain, Antoinette, *Rodin. La Porte de l'enfer*, musée Rodin, 1999.

［12］《罗丹青铜作品赏》，法国国家博物馆联合会，罗丹博物馆，2007 年。

Catalogue des bronzes de Rodin, RMN, musée Rodin, 2007.

［13］安托瓦内特·勒·诺曼－罗曼、埃莱娜·马罗著，《罗丹在默东的居所：布里
扬别墅》，罗丹博物馆，1996 年。

Le Normand-Romain, Antoinette et Marraud, Hélène, *Rodin à Meudon: la villa des Brillants*, musée Rodin, 1996.

［14］安托瓦内特·勒·诺曼 – 罗曼、安妮特·奥迪凯·罗丹著，《加莱义民》，罗丹博物馆，2001 年。

Le Normand-Romain Antoinette, et Haudiquet Annette, Rodin. *Les Bourgeois de Calais*, musée Rodin, 2001.

［15］埃莱娜·马罗著，《罗丹，上帝之手》，罗丹博物馆，2005 年。

Marraud, Hélène, *La main révèle l'homme*, musée Rodin, 2005.

［16］拉斐尔·马松、维罗妮克·马蒂乌西著，《罗丹》，弗拉马里翁出版社，2005 年。

Masson, Raphaël et Mattiussi, Véronique, *Rodin*, Flammarion, 2005.

［17］埃莱娜·皮内、雷娜 – 玛丽·帕里斯著，《卡米耶·克洛岱尔，天才就像双面镜》，伽利玛出版社，2003 年。

Pinet, Hélène, Reine-Marie, Paris, *Camille Claudel, Le génie est comme un miroir*, Gallimard, 2003.

［18］赖内·马利亚·里尔克著，《奥古斯特·罗丹》，伽利玛出版社，《七星文库》丛书，1993 年；1903 年于柏林首次出版。

Rilke, Rainer Maria, *Auguste Rodin, Gallimard*, coll. « Bibliothèque de La Pléiade », 1993(Berlin, 1903).

［19］列奥·斯坦伯格著，《罗丹的回归》，马库拉出版社，1991 年；最早收录于 1972 出版的艺术评论文集《另类标准》。

Steinberg, Leo, *Le Retour de Rodin*, Macula, 1991(Other criteria, 1972).

展会

［1］《罗丹与同时代作家》，罗丹博物馆，巴黎，1978 年。

Rodin et les écrivains de son temps, musée Rodin, Paris, 1978.

［2］《再忆罗丹》，美国国家艺术馆，华盛顿，1981 年。

Rodin rediscovered, National Gallery of Art, Washington, 1981.

［3］《罗丹与当代雕塑》学术研讨会，罗丹博物馆，巴黎，1983 年。

Rodin et la sculpture contemporaine, Paris, musée Rodin, 1983(actes de colloque).

［4］《翩跹映像：洛伊·富勒、伊莎多拉·邓肯、露丝·圣·丹妮斯、阿多莉·维拉尼》舞蹈家肖像影展，罗丹博物馆，巴黎，1987 年。

Ornement de la Durée. Loïe Fuller, Isadora Duncan, Ruth St. Denis, Adorée Villany, musée Rodin, Paris, 1987.

［5］《时间的色彩：艾蒂安·克莱芒泰尔立体摄影展》，罗丹博物馆，巴黎，1987 年。

Couleurs du Temps. Photographies en relief d'Etienne Clémentel, musée Rodin, Paris, 1987.

［6］《罗丹与他的模特》肖像影展，罗丹博物馆，巴黎，1990 年。

Rodin et ses modèles: le portrait photographié, musée Rodin, Paris, 1990.

［7］《雕塑家罗丹》，罗丹博物馆，巴黎，1992 年。

Rodin sculpteur, musée Rodin, Paris, 1992.

［8］《1900 年前后欧洲和美国的画意派摄影》，罗丹博物馆，巴黎，1993 年。

Le Salon de Photographie. Les écoles pictorialistes en Europe et aux Etats-Unis vers 1900, musée Rodin, Paris, 1993.

［9］《走近青铜时代：罗丹在比利时的侨居生活》，罗丹博物馆，巴黎，1997 年。

Vers l'Âge d'airain, Rodin en Belgique, musée Rodin, Paris, 1997.

［10］《罗丹 1898，巴尔扎克纪念像》，罗丹博物馆，巴黎，1998 年。

1898: le Balzac de Rodin, musée Rodin, Paris, 1998.

［11］《罗丹 1900，阿尔玛馆回顾展》，卢森堡博物馆，巴黎，2001 年。

Rodin en 1900. L'exposition de l'Alma, Musée du Luxembourg, Paris, 2001.

［12］《罗丹与意大利》，美第奇别墅，罗马，2001 年。

Rodin et l'Italie, Villa Médicis, Rome, 2001.

［13］《罗丹的遗憾》，萨拉曼卡大学博物馆，萨拉曼卡，2002 年。

Los Arrepentimientos de Rodin, Museo de la Universidad, Salamanque, 2002.

［14］《罗丹眼中的维克多·雨果》，贝桑松美术馆，贝桑松，2002 年。

Victor Hugo vu par Rodin, Musée des BeauxArts, Besançon, 2002.

［15］《雕塑与空间：罗丹、布朗库西、贾科梅蒂、路易丝·布尔乔亚、韦尔梅朗……》，罗丹博物馆，巴黎，2005—2006 年。

Rodin, Brancusi, Giacometti, Louise Bourgeois, Vermeiren...La sculpture dans l'espace, musée Rodin, Paris, 2005-2006.

［16］《罗丹》，英国皇家艺术学院，伦敦；苏黎世美术馆，苏黎世；2006—2007 年。

Rodin, Royal Academy of Arts, Londres, Kunsthaus, Zurich, 2006-2007.

［17］《奥古斯特·罗丹与欧仁·卡里埃》，奥赛博物馆，巴黎，2006 年。

Auguste Rodin. Eugène Carrière, musée d'Orsay, Paris, 2006.

［18］《柬埔寨女舞者，罗丹最后的激情》，罗丹博物馆，巴黎，2006 年。

Rodin et les danseuses cambodgiennes. Sa dernière passion, musée Rodin, Paris, 2006.

［19］《妖娆的爱欲：1890 至 1891 年间的情色素描与水彩》，罗丹博物馆，巴黎，2006—2007 年。

Les Figures d' Eros. Dessins et aquarelles érotiques. 1890-1891, musée Rodin, Paris, 2006-2007.

［20］《罗丹的日本情结》，罗丹博物馆，巴黎，2007 年。

Rodin. Le Rêve japonais, musée Rodin, Paris, 2007.

［21］《罗丹与摄影》，加利马尔出版社携罗丹博物馆，巴黎，2007 年。

Rodin et la photographie, Gallimard/musée Rodin, Paris, 2007.

从毕宏宅邸到罗丹博物馆

毕宏宅邸建于 1728—1730 年间，由让·奥贝尔（Jean Aubert）倾力打造，是一栋洛可可风格的建筑杰作。这座宅邸曾多次易主，最终于 1820 年被耶稣圣心会（Société du Sacré-Coeur de Jésus）购得；该修会由索菲·巴拉（Sophie Barat）修女于 1804 年创立，旨在为上流社会的年轻女孩提供教育。

1905 年，随着政教分离法的出台，毕宏宅邸被充公并面临拆除的厄运。要知道许多名人都曾是它的住客，其中就包括让·考克多（Jean Cocteau）、伊莎多拉·邓肯（Isadora Duncan）和亨利·马蒂斯（Henri Matisse）。1908 年，在诗人赖内·马利亚·里尔克的推荐下，罗丹入驻毕宏宅邸一层连厅，同时继续以大理石库房为工作地，以默东的布里扬别墅为主要居所。

1911 年，毕宏宅邸被政府接管。罗丹决定把他的收藏全部捐献给国家，条件是将毕宏宅邸改造成一座专门纪念他的博物馆。在友人们的据理力争下，这一提议勉强获得通过：1916 年 12 月 24 日，三项捐赠正式生效；1917 年 11 月 17日，罗丹与世长辞，终究没有等到梦想实现的那一天：博物馆于 1919 年开馆。在这里，参观者可以欣赏到艺术家的主要作品——雕塑、素描、版画（《地狱之门》《乌戈林》《吻》《思想者》等）——以及他的藏品、档案和照片，并在探索房间和花园的过程中，发掘展品之间的联系，进而解锁无限的互动可能。

地址：巴黎 7 区瓦雷纳街 77 号（77, rue de Varenne, 75007 Paris）
电话：01 44 18 61 10
传真：01 44 18 61 30
网址：www.musee-rodin.fr

插图目录

006 上	手握棍子的裸体男子，1854 至 1857 年间，炭笔、乳色水印纸，馆藏编号 D 5104，同上。
006 左下	马腿的骨骼肌肉解剖素描，1870 年前，馆藏编号 D 236，罗丹博物馆，巴黎。
006 右下	古代情侣临摹，1854 至 1857 年间（存疑），铅笔、钢笔、棕色墨水、乳色水印纸，馆藏编号 D 5103，同上。
008	油画《法国艺术家沙龙评委海选》（*Une séance du jury de peinture au Salon des artistes français*），亨利·热尔韦（Henri Gervex）（1852 ~ 1929）绘，奥赛博物馆（musée d'Orsay），巴黎。
009	罗丹自画像《戴鸭舌帽的男人》（*Portrait d'homme coiffé d'une casquette*），铅笔、乳色纸，馆藏编号 D 119，罗丹博物馆，巴黎。
010 上	《让－巴蒂斯特·罗丹青铜半身像》（*Buste de Jean-Baptiste Rodin*），馆藏编号 ph. 2310，同上。
010 下	百废待兴的巴黎和开凿中的雷恩街（rue de Rennes），《插图》（*L'Illustration*）画报，1868 年，装饰艺术图书馆（bibliothèque des Arts décoratifs），巴黎。
012 左上	罗丹与莱昂·富尔凯（Léon Fourquet），夏尔·奥布里摄于 1864 年，馆藏编号 ph. 163，同上。
012~013	让－巴蒂斯特·罗丹写给儿子的信，训斥后者缺乏工作毅力，"烂泥扶不上墙"；罗丹博物馆，巴黎。
014 左	罗丹和姐姐玛丽亚，约摄于 1859 年，馆藏编号 ph. 2，同上。
014~015	（叠图）罗丹正在加工《埃马尔神父半身像》（*Buste du père Eymard*），夏尔·奥布里摄于 1863 年，馆藏编号 ph. 160，同上。
016	1864 年的罗丹，夏尔·奥布里（Charles Aubry）摄，馆藏编号 ph. 3，同上。

第二章

017	《泰坦之盏》（*La Vasque des titans*），署名"卡里耶－贝勒兹"（Carrier-Belleuse），实际出自罗丹之手。
018	《戴花帽的年轻女人》（*La Jeune Fille au chapeau fleuri*）陶土模，1865 年，同上。

019 左下　　石膏像《迷娘》（*Mignon*），1869 年，罗丹博物馆，巴黎。

020 右上　　安托万 – 路易·巴里（Antoine–Louis Barye）肖像。

020 左下　　卡里耶 – 贝勒兹（Albert-Ernest Carrier-Belleuse）素描肖像，奥诺雷·杜米埃（Honoré Daumier）绘，小皇宫博物馆（Musée du Petit Palais），巴黎。

021　　　　《塌鼻男人》石膏模（*L'Homme au nez cassé*），欧仁·德吕埃（Eugène Druet）摄于 1864 年，馆藏编号 ph. 2299，同上。

022　　　　《塌鼻男人半身像》（*Buste de l'homme au nez cassé*），大理石材质带底座，1864 年，同上。

023　　　　布鲁塞尔证券交易所旧照。

025　　　　意大利旅行期间的手稿，素描纸、铅笔、钢笔、棕色墨水，1875 至 1876 年，馆藏编号 D 274 至 279，罗丹博物馆，巴黎。

027 左　　奥古斯特·内特（Auguste Neyt），《青铜时代》（*L'Âge d'airain*）原型模特，高登齐奥·马尔科尼（Gaudenzio Marconi）摄于 1877 年，馆藏编号 ph. 269，同上。

027 中　　石膏版《青铜时代》，高登齐奥·马尔科尼摄于 1876 年，馆藏编号 ph. 269，同上。

027 右　　青铜版《青铜时代》，奥赛博物馆，巴黎。

030 左　　青铜像《传道的圣让 – 巴蒂斯特》（*Saint Jean-Baptiste prêchant*），同上。

030 右　　皮尼亚泰利（Pignatelli），《行走的人》（*L'Homme qui marche*）与《传道的圣让 – 巴蒂斯特》原型模特，国立高等美术学院，巴黎。

031 右　　《行走的人》石膏躯干，馆藏编号 ph. 2193，罗丹博物馆，巴黎。

031 左　　青铜版《行走的人》，奥赛博物馆，巴黎。

032　　　　倚在《吻》上的罗丹，背景为工作室，1888 年，罗丹博物馆，巴黎。

第三章

033　　　　默东工作室里的石膏像，同上。

035　　　　《地狱之门》设计稿，约 1880 年，馆藏编号 D 1963，同上。

036 右　　《下蹲的女人》（*La Femme accroupie*）陶土模，同上。

036 左　　《地狱之门》第三版黏土小样，同上。

037	费尔南·帕耶（Fernand Paillet）于1884年创作的讽刺漫画：罗丹被《地狱之门》压折了腰。
038	拥吻的情侣，《地狱之门》人物设计稿，约1880年。
39上	罗丹坐姿照，天鹅绒外套溅满了石膏渍，1880年，馆藏编号ph. 311，罗丹博物馆，巴黎。
039下	《乌戈林》（*Ugolin*），《地狱之门》人物设计稿，馆藏编号D 7627，同上。
040	青铜版《地狱之门》门楣细节，同上。
041	青铜版《地狱之门》，同上。
042	石膏版《思想者》（*Le Penseur*），雅克–布洛·欧内斯特（Jacques-Ernest Bulloz）摄，同上。
043左	青铜版《地狱之门》上的《思想者》，同上。
043右	罗丹工作室架子上的《思想者》黏土小像，馆藏编号ph. 289，同上。
044上	《美丽的制盔女》（*Celle qui fut la belle Heaulmière*），仿铜石膏，1885年，同上。
044下	青铜像《乌戈林吞食他的孩子》（*Ugolin dévorant ses enfants*），1882年，同上。
045右	青铜像《夏娃》（*Ève*），约1880年，同上。
045左	青铜像《影子》（*L'Ombre*），同上。
046	（1）《安托南·普鲁斯特石膏半身像》（*Antonin Proust*），馆藏编号ph. 1428；（2）《罗杰·马克思石膏半身像》（*Roger Marx*），馆藏编号ph. 234；（3）《让–保罗·洛朗斯青铜半身像》（*Jean-Paul Laurens*）；（4）《儒勒·达卢石膏半身像》（*Jules Dalou*），馆藏编号ph. 2272，同上。
047	（1）《奥克塔夫·米尔博石膏半身像》（*Octave Mirbeau*），馆藏编号ph. 2175；（2）《卡里耶–贝勒斯半身像》（*Carrier-Belleuse*）黏土模，网格法示意图，馆藏编号ph. 636；（3）《维库尼亚夫人大理石半身像》（*Morla Vicuña*），1884年，同上。
047下	让·阿道夫·布朗（Jean Adolphe Braun）镜头下的罗丹，馆藏编号ph. 166，同上。
048~049上	《维克多·雨果头部多角度视图》（*Diverses études de la tête de Victor*

	Hugo），半身像素材，馆藏编号 D 5358，同上。
048 下	罗丹以他的正脸为背景，与《维克多·雨果半身像》的侧脸一起合影，约摄于 1883 年，作者不详，馆藏编号 ph. 353，同上。
049 上	点刻铜版《维克多·雨果四分之三视图》（*Portrait de Victor Hugo de trois-quarts*）。
049 下	（叠图）《维克多·雨果青铜半身像》，罗丹博物馆，巴黎。
051	卡米耶·克洛岱尔（Camille Claudel）肖像，约摄于 1884 年。
052	石膏组合《卡米耶·克洛岱尔的面具与皮埃尔·德·维桑的左手》（*Masque de Camille Claudel et main gauche de Pierre de Wissant*），馆藏编号 A 349，罗丹博物馆，巴黎。
053	大理石像《沉思》（*La Pensée*），模特原型为克洛岱尔，同上。
054~059	大理石像《吻》局部，同上。
059 右上	大理石像《吻》，欧仁·德吕埃摄于罗丹工作室，馆藏编号 ph. 373，同上。
060 左	大理石像《黎明》（*L'Aurore*），模特原型为卡米耶·克洛岱尔，同上。
060~061	1887 年正在雕刻《沙恭达罗》（*Sakountala*）的卡米耶，馆藏编号 ph. 1773，同上。
061 右	石膏像《永恒的偶像》（*L'Éternelle idole*），同上。
062 左上	《皮埃尔·德·维桑裸体像》（*Pierre de Wissant nu*），卡尔·博德默（Karl Bodmer）摄于 1886 年，同上。
062 下	《加莱义民》第一版石膏小样，1884 年，同上。
062 右上	《皮埃尔·德·维桑》石膏模，同上。
063 左	《皮埃尔·德·维桑》在顾拜旦铸造厂（fonderie de Coubertin）进行浇制。
063 中	《皮埃尔·德·维桑》成品青铜像，罗丹博物馆，巴黎。
064	《让·戴尔裸体像》（*Jean d'Aire nu*）黏土模正面照，卡尔·博德默摄于 1886 年，馆藏编号 ph. 323，同上。
065 左	《厄斯塔什·德·圣皮埃尔穿衣像》（*Eustache de Saint-Pierre habillé*）黏土模，卡尔·博德默摄于罗丹工作室，馆藏编号 ph. 936，同上。
065 右	罗丹涂改过的《厄斯塔什·德·圣皮埃尔穿衣像》进度照，维克

多·帕内利耶（Victor Pannelier）摄，馆藏编号 ph. 317，同上。

066　暮色中的《巴尔扎克》（*Balzac*），爱德华·史泰钦（Edward Steichen）摄于默东，馆藏编号 ph. 226，罗丹博物馆，巴黎。

第四章

067　亨利·热尔博（Henry Gerbault）绘制的讽刺漫画：巴尔扎克站在法尔吉埃（Alexandre Falguière）和罗丹为其创作的雕像前。

068　巴尔扎克素描肖像，巴黎。

069　巴尔扎克版画肖像。

070　罗丹立照，欧仁·德吕埃摄于 1914 年 2 月，馆藏编号 ph. 881，罗丹博物馆，巴黎。

072 左　石膏模《巴尔扎克的睡袍》（*La Robe de chambre de Balzac*），达尼埃尔·弗罗伊勒（Daniel Freuler）摄，馆藏编号 ph. 1209。

072 右　《穿僧袍的巴尔扎克上身像》（*Torse de Balzac en robe de moine*），神态笑意盈盈，底座为一根叶饰柱，同上。

073　青铜像《巴尔扎克裸体习作 C》（*L'Étude de nu C de Balzac*），同上。

074 上　费利克斯·纳达尔（Félix Nadar）镜头下的斯特凡·马拉美（Stéphane Mallarmé）。

074 中　莫奈致罗丹的信，1898 年 6 月 30 日。

075　《巴尔扎克》石膏模，欧仁·德吕埃摄于 1898 年法国国家美术协会沙龙（Salon de la Société nationale des beaux-arts），馆藏编号 ph. 375，罗丹博物馆，巴黎。

076　《巴尔扎克青铜纪念像》头部特写。

077　《巴尔扎克青铜纪念像》，巴尔扎克广场，罗丹博物馆，巴黎。

078 左上　卡米耶·克洛岱尔肖像，私人收藏。

078 中上　罗丝·伯雷（Rose Beuret），E·格拉夫 & A·鲁埃尔（E. Graffe & A. Rouers）摄，馆藏编号 ph. 1443，罗丹博物馆，巴黎。

078 下　默东布里扬别墅，弗朗索瓦–安托万·维扎沃纳（François-Antoine Vizzavona）摄，馆藏编号 ph. 1279，同上。

080　《奥古斯特·罗丹青铜半身像》，卡米耶·克洛岱尔作于 1888 至 1889 年间，同上，欧仁·吕迪埃（Eugène Rudier）捐赠。

081　《加莱义民》石膏模，欧仁·德吕埃摄于默东，馆藏编号 ph. 1362，罗丹博物馆，巴黎。

082   1909 年《维克多·雨果纪念像》揭幕仪式，阿尔贝·阿兰格（Albert Harlingue）摄于巴黎皇家宫殿（Palais-Royal），馆藏编号 ph. 706，同上。

083   《维克多·雨果纪念像》，欧仁·德吕埃摄于 1891 年法国国家美术协会沙龙，馆藏编号 ph. 354，同上。

084   罗丹彩色肖像，爱德华·史泰钦摄于 1907 年，大都会艺术博物馆（Metropolitan Museum of Art），纽约。

第五章

085   石雕《大教堂》（*La Cathédrale*），罗丹博物馆，巴黎。

086   1900 年阿尔玛馆（pavillon de l'Alma）个展现场的罗丹，同上。

088 右   默东阿尔玛馆柱廊前的《维克多·雨果纪念像》，让·利梅（Jean Limet）摄于 1900 年，馆藏编号 ph. 1306，同上。

088 左   黄包车上的罗丹和洛伊·富勒，H. 博杜安（H. Baudouin）摄于 1906 年马赛殖民地博览会，同上。

090 上   《坐着的柬埔寨女舞者》（*Danseuse cambodgienne assise*），1906 年，铅笔、水彩，馆藏编号 D 4428，同上。

090 下   1906 年马赛殖民地博览会期间，正在写生柬埔寨女舞者的罗丹，取材自奥托·格劳托夫（Otto Grautoff）所著的《艺术家人物志：罗丹》（*Künstler Monographien -Rodin*），维尔哈根 & 克拉辛出版社（Velhagen & Klasing），摄于 1911 年，同上。

091 左   花子，本人跪着，手执一把扇子，馆藏编号 ph. 190，同上。

091 右   参考尼金斯基（Vaslav Nijinski）舞姿制作的石膏小像，1912 年，同上。

092   （1）《安娜·德·诺瓦耶半身像》（*Anna de Noailles*）黏土模，馆藏编号 ph. 2317，同上；（2）《辛普森夫人半身像》（*Kate Simpson*），雅克-布洛·欧内斯特摄，馆藏编号 ph. 971，同上，（3）《夏娃·费尔法克斯大理石半身像》（*Ève Fairfax*），欧仁·德吕埃摄，馆藏编号 ph. 382，同上；（4）《舒瓦瑟尔公爵夫人青铜半身像》（*Duchesse de Choiseul*）馆藏编号 ph. 2297，同上

093   罗丹与大理石雕《上帝之手》，馆藏编号 ph. 372，同上。

094~095	女体素描，人物半躺，下身赤裸，铅笔、水彩，馆藏编号 D 4994，同上。
096	柬埔寨女舞者正面素描，乳色纸、铅笔、擦笔、水彩、彩色蜡笔（提亮），同上。
097	柬埔寨女舞者素描，铅笔、水彩、水粉、乳色纸，同上。
098	女体素描，人物一只手捂在股间，致敬名画《维纳斯的诞生》（ *Naissance de Vénus* ），铅笔、钢笔、棕色墨水、水彩、乳色纸，同上。
099	女体素描，人物背跪着，双手抵在后腰上，铅笔、擦笔、水彩、乳色纸，同上。
100	里尔克，1908 年摄于毕宏宅邸，馆藏编号 ph. 694，同上。
101 上	罗丹正在端详一件埃及小雕像，欧仁·德吕埃摄于 1914 年（存疑），馆藏编号 ph. 833，罗丹博物馆，巴黎。
101 下	1900 年的毕宏宅邸。
103	罗丹葬礼，皮埃尔·舒莫夫（Pierre Choumoff）摄于 1917 年，馆藏编号 ph. 710，同上。
104	默东柱廊下的罗丹，让·利梅摄于 1912 年，馆藏编号 ph. 47，同上。

资料与文献

105	罗丹签名。
107	《罗丝·伯雷石膏面具》，欧仁·德吕埃摄，馆藏编号 ph. 2156，罗丹博物馆，巴黎。
108	戴帽子的卡米耶·克洛岱尔，约摄于 1889 年，作者是一位叫塞萨尔（César）的不知名摄影师，私人收藏。
115	罗丹与舒瓦瑟尔公爵夫人在毕宏宅邸的合影，亨利·曼努埃尔（Henri Manuel）摄于 1910 年，馆藏编号 ph. 56，同上。
122	罗丹与辛普森夫人，维达·格朗（Ouida Grant）摄于 1903 年，馆藏编号 ph. 678，同上。
127	罗丹与大理石库房工作室的合影，维达·格朗摄于 1900 年，同上。
129 右上	《维克多·雨果半身像》与两尊《冥思》石膏像，斯蒂芬·哈维斯（Stephen Haweis）与亨利·科尔斯（Henry Coles）摄，馆藏编号 ph. 260，同上。

索引

图片版权

致谢

　　衷心感谢以下人员和机构在本书编撰过程中给予的帮助：阿尔塞纳－博纳富－缪拉（Arsène Bonnafous-Murat）、露丝·巴特勒（Ruth Butler）、法国国家博物馆联合会出版社（Éditions R.M.N.）、罗丹博物馆出版社（Éditions du musée Rodin）、门槛出版社（Éditions du Seuil）、罗伯特·埃尔伯恩（Robert Elborne）、顾拜旦基金会、莫妮克·勒佩莱－丰特内（Monique Lepelley-Fonteny）、弗朗索瓦·德·马萨里（François de Massary）、卡特琳·马东（Catherine Mathon）、雷娜－玛丽·帕里斯、（Joan Vita-Miller）、康托尔基金会收藏主理人（collection Cantor）若昂·维塔－米勒夫人（Joan Vita-Miller）、安娜－玛丽·沙博（Anne-Marie Chabot）、热罗姆·马努基安（Jérôme Manoukian）、西尔韦斯特·昂布洛（Sylvester Engbrox）、塞西尔·若弗鲁瓦（Cécile Geoffroy）、维罗妮克·马蒂乌西（Véronique Mattiussi）。

谨献给梅拉妮、安托万及马克